Gizem Vergili

Kredi Derecelendirme Kuruluşlarına Eleştirel Bir Bakış

Gizem Vergili

Kredi Derecelendirme Kuruluşlarına Eleştirel Bir Bakış

Finansal Kriz Ortamında Kredi Derecelendirme Kuruluşlarına Eleştirel Bir Bakış: Güven Kaybı ve Yeni Düzenlemeler

Türkiye Alim Kitapları

Impressum / Künye
Bibliografische Information der Deutschen Nationalbibliothek: Die Deutsche Nationalbibliothek verzeichnet diese Publikation in der Deutschen Nationalbibliografie; detaillierte bibliografische Daten sind im Internet über http://dnb.d-nb.de abrufbar.

Deutsche Nationalbibliothek tarafından yayınlanan bibliyografik bilgiler: Deutsche Nationalbibliothek, bu yayını Deutsche Nationalbibliografie'de listeler; detaylı bibliyografik bilgi İnternet'te http://dnb.d-nb.de sitesinde mevcuttur.

Coverbild / Kitap kapağı resmi: www.ingimage.com

Verlag / Yayıncı:
Türkiye Alim Kitapları
ist ein Imprint der / yayınevinin bir ticari markasıdır
OmniScriptum GmbH & Co. KG
Bahnhofstraße 28, 66111 Saarbrücken, Deutschland / Almanya
Email / E-posta: info@turkiye-alim-kitaplary.com

Herstellung: siehe letzte Seite /
Basım yeri: son sayfaya bakın
ISBN: 978-3-639-67373-9

Zugl. / Approved by: Afyonkarahisar, Afyon Kocatepe Üniversitesi, 2015

ÖZET

FİNANSAL KRİZ ORTAMINDA KREDİ DERECELENDİRME KURULUŞLARINA ELEŞTİREL BİR BAKIŞ: GÜVEN KAYBI VE YENİ DÜZENLEMELER

Küresel finans sisteminde güvenilir yatırımlara yönelmek isteyen yatırımcılar, çeşitli borçlanma araçlarıyla yabancı sermaye çekmek isteyen ülkeler ve şirketler için kredi derecelendirmenin önemi büyüktür. Enron, Parmalat ve Worldcom gibi büyük şirketlerin iflasından çok kısa süre önce vermiş oldukları yüksek notlarla eleştirilerin hedefinde olan KDK'ların, 2008 Finansal Krizi'nde de etkin rol oynadıkları tartışılmaktadır. Güvenilirlikleri sorgulanan KDK'ların kriz dönemindeki rollerinin eleştirel bir biçimde incelenmesi ve kriz öncesi, süresi, sonrası yapılan düzenlemelerin değerlendirilmesi bu kitabın temel konusunu oluşturmaktadır. Düzenlemelerin eksik yönlerinin belirlenmesi ve buna yönelik önerilerde bulunulması amaçlanmıştır. Ayrıca finans sektörüyle ilgilenen öğrencilerin güncel finans kavramlarına ve kurumlarına yönelik farkındalıklarını artırmak amacıyla "kitap sözlüğü" hazırlanmıştır. KDK'ların şişirilmiş notlarla krizi tetikledikleri hatta derinleştirdikleri bulgulanmış ve eleştirilen konular arasında yer alan ücret politikaları, oligopolistik yapıları gibi kronik sorunlarına köklü çözümler getirilmediği tespit edilmiştir.

Anahtar Kelimeler: Kredi Derecelendirme Kuruluşları, Finansal Kriz, Güvenilirlik, Kitap Sözlüğü.

ABSTRACT

A CRITICAL VIEW TO CREDIT RATING AGENCIES IN THE FINANCIAL CRISIS: LOSS OF CONFIDENCE AND NEW REGULATIONS

The importance of credit rating is significant for investors who want to tend towards credible investments and for countries and companies which want to attract foreign capital through different debt instruments, in global finance system. It is argued that credit rating agencies, which are the center of the criticisms because of high credit ratings that they gave very shortly before the bankruptcy of big companies like Enron, Parmalat and Worldcom, have played an active role in financial crisis in 2008. The main subject of this book is examining the role of credit rating agencies, whose credibility is questioned, in crises period in a critical way and evaluating the regulations which have been done pre, throughout and post crises. In this book, it is aimed to identify the deficient side of the regulations and make suggestions towards them. In addition, it is prepared a "book vocabulary" for students who have interest in finance industry to increase their awareness towards financial concepts and institutions. As a result of the book, it is founded that credit rating agencies have triggered the crises and even have made them deep through exaggerating ratings and it is determined that credit rating agencies have not offered radical solutions to chronic problems like fee charging policy and oligopolistic structure which are considered in criticized issues.

Keywords: Credit Rating Agencies, Financial Crisis, Credibility, Book Vocabulary.

ÖNSÖZ

Kitabımın oluşumunda akademik bilgi birikimi ve tecrübesiyle rehberlik yaparak yolumu aydınlatan, yakınlığını ve desteğini hiç bir zaman esirgemeyen değerli hocam Sn. Prof. Dr. M. Kemalettin Çonkar'a, yoğun çalışma temposu içerisinde zamanını benimle paylaşma nezaketi gösteren, çalışmamın her anında ilgisini ve desteğini çok yakından hissettiğim kıymetli hocam Sn. Doç. Dr. Cantürk KAYAHAN'a, kalben en içten teşekkürlerimi ve şükranlarımı sunarım. Değerli yorumları için Sn. Yrd. Doç. Dr. Ercan ÖZEN'e teşekkürlerimi bir borç bilirim. Bunun yanında gerek sohbetlerimiz gerekse çalışmalarımız esnasında fikir ve önerileri ile çalışmama ışık tutmuş sevgili çalışma arkadaşlarıma ve ilgilerini esirgemeyen diğer hocalarımıza aynı ölçüde teşekkürlerimi sunmak isterim.

Ayrıca, yaşam boyu gelişim hedefimde yaptıkları ölçülemez fedakârlıklar yanında, akademik yolculuğumun ilk adımını attığım kitabımda gösterdikleri güven ve sabırları ile üzerimdeki emeklerini hiçbir zaman ödeyemeyeceğim özellikle kıymetlim; annem Şirin VERGİLİ'ye, sevgili aileme ve dostlarıma şükranlarımı sunarım.

İÇİNDEKİLER

ÜÇÜNCÜ BÖLÜM

KREDİ DERECELENDİRME KURULUŞLARINA İLİŞKİN DÜZENLEMELER

TABLOLAR LİSTESİ

ŞEKİLLER LİSTESİ

KISALTMALAR DİZİNİ

AB : Avrupa Birliği
ABD : Amerika Birleşik Devletleri
AIG : American International Group
BCBS : Basel Committee On Banking Supervision
BDDK : Bankacılık Düzenleme ve Denetleme Kurumu
BIS : Bank for International Settlements
CDO : Collateralized Debt Obligations
CDS : Credit Default Swap
CEREP : Central Repository
CESR : Committee of European Securities Regulators
CRA : Credit Rating Agency
CRD : Capital Requirements Directive
ECOFIN : Economic and Financial Affairs Council
EDGAR : Electronic Data Gathering, Analysis and Retrieval
ESMA : The European Securities and Markets Authority
FDIC : Federal Deposit Insurance Corporation
FSAP : Financial Services Action Plan
FSB : Financial Stability Board
FSF : Financial Stability Forum
GSMH : Gayrı Safi Milli Hasıla
IOSCO : International Organization of Securities Commissions
KDK : Kredi Derecelendirme Kuruluşları
MBS : Mortgage Backed Securities
MiFID : Markets in Financial Instruments Directive
NRSRO : Nationally Recognised Statistical Rating Organisation
OECD : Organisation for Economic Co-operationand Development
SEC : Securities Exchange Commission
SOX : Sarbanes-Oxley Act
SPK : Sermaye Piyasası Kurulu
S&P : Standard & Poor's
VDMK : Varlığa Dayalı Menkul Kıymetler

GİRİŞ

Günümüz küresel finansal sistemi içerisinde kredi derecelendirme kuruluşlarının rolleri, uluslararası finansal sistemin işleyişi ve gelişimi için çok önemlidir. Ancak özellikle kriz öncesi derecelendirme kuruluşlarının vermiş olduğu hatalı notlar, kredi derecelendirme kuruluşlarının güvenilirliklerinin tartışılmasına yol açmıştır. Verilen yanlış notları düzeltme çabaları da bu süreçte kredi derecelendirme kuruluşlarının kriz dönemlerini öngörme yeteneklerinin yetersiz olduğunu göstermiştir. Buradan yola çıkarak kitabın konusunu; kredi derecelendirme kuruluşlarının kriz dönemindeki rolü, kriz öncesi, süresi ve sonrası yapılan düzenlemeler ile değişiklikleri oluşturmaktadır.

Bu çalışmanın amacı; kredi derecelendirme kuruluşlarının kriz dönemindeki rolleri, kriz öncesi, süresince ve sonrasında yaptıkları düzenlemeleri eleştirel bir biçimde incelemektir. Ayrıca, KDK (Kredi Decelendirme Kuruluşları)'ların faaliyet ve uygulamalarının finansal sistem üzerindeki etkilerini daha iyi değerlendirmektir. Bu amaç doğrultusunda, kredi derecelendirme kuruluşlarının metodolojilerinde görünen belli başlı problemler ve bu kuruluşların tutumları ele alınmaktadır. KDK'larının taraflı olup olmadığı, şeffaflığı, ücret politikaları ve rekabet eksikliği eleştirilen konular arasındadır. 2008 Kuzey Amerika merkezli krizin domino taşı etkisiyle tüm dünyayı sarsmasında kredi derecelendirme kuruluşlarının rolünün olup olmadığını değerlendirmek, kriz öncesi, kriz dönemi ve kriz sonrasında yapılan düzenleme, denetim ve çalışmaları incelemektir. Yapılan düzenlemelerin eksik bulunan yönleri değerlendirilecek ve önerilerde bulunulacaktır. Çalışmanın bir diğer amacı ise, finans sektörüyle ilgilenen öğrencilerin, güncel finans kavramlarına ve kurumlarına yönelik farkındalıklarını sağlamaktır. İlave olarak ek'te oluşturulan "kitap sözlüğü" ile ilgililerin kavramsal açıklamalara ulaşımının kolaylaştırılması hedeflenmiştir.

Çalışma üç ana bölümden oluşmaktadır. Birinci bölümde kredi derecelendirme kavramı, çeşitleri, KDK'ların tarihsel gelişimi, derecelendirmeye ihtiyacın nedenleri ve derecelendirme kriterleri ele alınmıştır. Sektörün üç büyükleri olarak bilinen S&P, Moody's ve Fitch'in not tanımlarına ve piyasadaki paylarına yer verilmiştir. KDK'ların piyasalar üzerindeki önemine, olumlu ve olumsuz etkilerine çeşitli örneklerle değinilmiştir.

İkinci bölümde, 2008 yılı öncesinde dünyada yaşanan önemli krizler ve bunların KDK'larla olan ilişkileri değerlendirilmiştir. 2008 Finansal Krizinin dinamikleri ele alınarak, çalışmanın temel konusu olması nedeniyle KDK'ların krizdeki rolleri incelenmiştir. Güvenilirliklerinin sorgulanmasına neden olan ülkeler bazındaki olaylara ve Enron, Parmalat, Worldcom, Lehman Brothers gibi şirket olaylarına yer verilmiştir. KDK'ların en çok eleştirildiği noktalar tespit edilerek tek tek açıklanmıştır.

Üçüncü bölümde ise, güvenilirlikleri sorgulanan KDK'lara yönelik kriz öncesi, kriz süresi ve sonrasında yapılan düzenlemeler incelenmiştir. Tüm düzenleme çalışmaları incelendikten sonra genel bir değerlendirme yapılıp, düzenlemelerin eksiklikleri tespit edilmiş ve önerilerde bulunulmuştur.

Sonuç olarak bu çalışma ile küresel finansal sistem içerisinde yer alan oyuncuları, kurumları ve de yatırımcıları etkileyen KDK'ların faaliyetlerine bakış açısının değişmesi beklenmektedir.

BİRİNCİ BÖLÜM

ULUSLARARASI KREDİ DERECELENDİRME KAVRAMI, ÇEŞİTLERİ, GELİŞİMİ VE KURULUŞLARI

1. KREDİ DERECELENDİRME KAVRAMI VE ÇEŞİTLERİ

Derecelendirme, menkul kıymet ihraç eden bir şirket veya kuruluşun, anapara ve faiz yükümlülüklerini zamanında yerine getirip getirmediğinin bağımsız bir şekilde değerlendirme işlemlerini ifade eder (Küçükkocaoğlu, 2005: 1). Günümüz finansal piyasalarında yatırımcılar, risk faktörünü doğru tespit etmek ve bu faktörü minimize etmek için finansal bilgilere ihtiyaç duyarlar. Dolayısıyla ayrıntılı, güvenilir ve eş zamanlı olarak gerekli finansal bilgilerin potansiyel yatırımcılara ulaştırılması doğrultusunda yapılacak işlemler, kredi derecelendirme kavramını ortaya çıkarır (Heng ve Chan, 2008: 584-595).

SPK[1](Sermaye Piyasası Kurulu, 2007: 2)'ya göre kredi derecelendirmesi; İşletmelerin risk durumlarının ve ödeyebilirliklerinin, borçluluğu temsil eden sermaye piyasası araçlarının; anapara, faiz ve benzeri yükümlülüklerinin vadelerinde karşılanabilirliğinin derecelendirme kuruluşları tarafından bağımsız, tarafsız ve adil olarak değerlendirilmesi ve sınıflandırılması faaliyetleri olarak ifade edilir.

Kredi derecelendirme kavramını sektörün öncü kuruluşlarından Standard& Poors (2014), "kurum, ülke ve şehir yönetimi gibi ihraççının finansal yükümlülüklerini tam ve zamanında karşılama yeteneği ve isteği hakkındaki

[1] SPK(Sermaye Piyasası Kurulu),1981 yılında 2499 sayılı Sermaye Piyasası Kanunun ile kurulan, idari, mali özerkliğe sahip düzenleyici ve denetleyici bir kamu kurumudur. SPK'nın görevi; tasarrufların menkul kıymetlere yatırılarak halkın iktisadi kalkınmaya etkin ve yaygın bir şekilde katılmasını sağlamak, sermaye piyasasının güven, açıklık, kararlılık içinde çalışmasını, tasarruf sahiplerinin hak ve yararlarının korunmasını düzenlemek ve denetlemektir.

görüş"[2]; Moody's (2014) "borçlananların kredibilitesini değerlendirme ölçütü"[3] ve Fitch Ratings (2014) "bir kuruluşun finansal yükümlülüklerini karşılama yeteneğine ilişkin verilen bağımsız bir görüş" olarak tanımlamışlardır [4]. Bu tanımlamalardan hareketle kredi derecelendirmenin bir yatırım tavsiyesi değil, bilgi vermek adına yapılan görüş, düşünce veya fikir olduğu anlaşılmaktadır (Eren, 2010: 113).

Sonuç olarak kredi derecelendirme, borçlunun kredi değerliliğini belirli yöntemler ışığında çeşitli harf ve sembollerle analiz etme işi; yatırımcının üstleneceği riskin yetkili kredi derecelendirme kuruluşları tarafından objektif ve adil olarak değerlendirilmesidir.

Derecelendirme, finansal piyasalarda vadelerine ve türlerine göre ikiye ayrılır. Vadelerine göre derecelendirme kendi içerisinde, kısa ve uzun vadeli olmak üzere ikiye ayrılır. Kısa vadeli derecelendirme, bir yıla kadar olan tüm yükümlülüklerin karşılanabilmesi için gerekli olan likidite ve sermaye kaynaklarının erişiminin değerlendirilmesine dayanmaktadır. Uzun vadeli derecelendirme ise, bir yıl ve bir yıldan daha uzun sürede yükümlülüklerin yerine getirilebilme olasılığının belirlenmesine dayanmaktadır. Uzun vadeli derecelendirme, kurumun performansı ile ait olduğu sektörün finansal ve ekonomik özelliklerine bağlı olarak verilen görüştür. Uzun vadeli derecelendirmeye etki eden unsurlar; ekonomik konjonktüre duyarlılık, talep değişmeleri, kanuni düzenlemeler, yönetim kalitesi ve teknolojik gelişmeler olarak sıralanabilir[5].

Türlerine göre derecelendirme ise uluslararası döviz, uluslararası yerel para ve ulusal yerel para cinsinden derecelendirme olmak üzere üçe ayrılır. Uluslararası döviz cinsinden derecelendirme; kurumun yabancı para cinsi yükümlülüklerini karşılayabilmek için döviz temin etme kabiliyetinin

---

[2] http://www.standardandpoors.com/ratings/definitions-and-faqs/en/eu (04.04.2013).
[3] http://www.moodys.com/ratings-process/Ratings-Definitions/002002 (04.04.2013).
[4] www.fitchratings.com/web_content/ratings/fitch_ratings_definitions_and_scales.pdf (15.07.2014).
[5] www.fitchratings.com.tr/ftp/**derecelendirme**/drc_23.pdf (10.02.2014).

belirlenmesidir. Bu türde tüm ülke risklerine ilaveten konvertibilite riski de dikkate alınmaktadır. Uluslararası yerel para cinsinden derecelendirme; kurumun ödemekle yükümlü olduğu yerel para cinsi yükümlülüklerini, uluslararası kriterleri baz alarak yerel para teminiyle ödeyebilirliğinin değerlendirilme işlemidir. Bu türde farklı olarak konvertibilite riski dikkate alınmadan, tüm ülke riskleri göz önüne alınmaktadır. Ulusal yerel para cinsi derecelendirme ise; kurumun ödemekle yükümlü olduğu yerel para cinsi yükümlülüklerini, yerel para yaratarak ödeyebilirliğinin ulusal kriterlere göre değerlendirilmesini amaçlamaktadır. Ulusal yerel para cinsinden derecelendirmede ülke riskleri göz önüne alınmadığından dolayı, uluslararası döviz ve uluslararası yerel para cinsinden derecelendirmeye göre oldukça dar kapsamlı olduğunu söyleyebiliriz (Şirvan, 2004: 4-5).

2. KREDİ DERECELENDİRME KURULUŞLARININ TARİHSEL GELİŞİMİ

Kredi derecelendirme kavramının tarihi geçmişi 19. Yüzyılın ilk yarısında "Baring Brotherss & Company (1829)" şirketinin Thomas Wren Ward isimli emekli, Boston'lu bir tüccarı, kredi riski ile ilgili seyyar muhabir olarak işe alması ile başlamıştır.

1837'de ABD ekonomisindeki büyük çöküş sonrası kriz mağdurlarından manifaturacı Lewis Tappan, 1841'de New York'ta "Mercantile Agency" adlı ilk derecelendirme şirketini kurmuştur. Doğu ve Batı eyaletlerinde çoğunlukla avukat 180 muhabiri kapsayan bir bilgi ağı oluşturarak, her bir muhabirin kendi bölgesiyle ilgili bildirdiği bilgilere dayalı, daha çok kulaktan dolma duyumlarla edinilen bilgiler sözlü olarak müşterilere iletilmiştir.

1849'da John Bradstreet tarafından Cincinatti'de "Bradstreet Company" adında benzer bir şirket oluşturulmuş, 1857'de firmaların dereceleri kitap şeklinde yayınlanmaya başlanmıştır. 1859 yılında Robert Dun, Lewis Tappan'ın şirketi olan "Mercantile Agency"i devralarak ilk derecelendirme listesini yayınlamıştır. Bu iki şirket 1933 yılında "Dun and Bradstreet" adı altında birleşmiş ve 1962'de ise bugün Moody's olarak bilinen şirketin bünyesine katılmıştır (Cantor ve Packer, 1995: 1-2).

1860'ta Henry Varnum Poor, "History of Railroads and Canals of the United States" (Amerika Birleşik Devletleri'ndeki Demiryolları ve Kanalların Tarihi) adlı yayınıyla yatırımcının bilme hakkı prensibiyle Standard & Poors'un tarihindeki ilk adımı atmıştır. Yayın büyük demiryolu şirketlerinin faaliyetlerini ve finansal istatistiklerini içermektedir. 1867'de Henry Varnum Poor ve oğlu Henry William Poor, "Poor's Railroad Manual Company" adlı şirketi kurmuşlardır.

1899'da New York'ta Alfred M. Best kendi adıyla anılan "A.M. Best" adlı kredi derecelendirme şirketini kurmuştur.

1900 yılında John Moody tarafından finans kurumları, hükümet kurumları ve üretim sektöründeki firmalarla ilgili bilgi ve istatistiklere yer veren bilgilerin derlendiği "Moody's Manual of Industrial and Comporation Securities" (Moody's'in Endüstri ve Şirket Menkul Kıymetleri) isimli el kitabı yayımlanmıştır. 1909 yılında ise Moody's ilk kez şirket borcu için derecelendirme yaparak, en yüksek kalitedeki borca "A" orta kalitedekine "B" en düşük kalitedekine ise "C" derecelerini vermiştir (TCMB, 2010: 3).

1913'te John Knowles Fitch, New York'ta "Fitch Publishing Company" adlı şirketi kurmuş ve New York borsasına yönelik finansal istatistik yayınlamaya başlamıştır. Fitch, kısa zaman içinde "Fitch Borçlanma Senedi Kitabı" (Fitch Bond Book) ve "Fitch Hisse Senedi ve Borçlanma Senedi Kılavuzu"(Fitch Stock and Bond Manual) adlı yayınlarıyla piyasada tanınmıştır.

1914 yılında "Moody's Investors Service" kurulmuş ve analiz kapsamı endüstri, hizmet sektörleri, ABD' deki şehirler ve diğer belediyeler tarafından ihraç edilen borçlanma senetleri olarak belirlenmiştir. 1916'da "Poor's Publishing Company" ilk derecelendirme notunu vermiştir. 1922 yılında "Fitch

Investors Service" kurulmuş ve "Standard Statistics Company" şirketi ilk derecelendirmelerini yayımlamıştır.

1924'de "Fitch Publishing Company", finansal kıymetlerin analiziyle ilgili taleplerin artması üzerine şimdi çoğu derecelendirme şirketlerinin kullanmakta olduğu "AAA" - "D" arasındaki derecelendirme ölçeğini piyasaya sunmuştur. Dolayısıyla günümüzde üç büyük kredi derecelendirme kuruluşunun kullandığı not skalası ilk defa Fitch tarafından piyasaya sunulmuştur (Becker ve Milbourn, 2009: 4).

1929 yılı Mart ayında, ABD' deki finansal piyasaların çöküşünden 6 ay önce, hem "Poor's" hem "Standard Statistics" müşterilerine tüm yatırımlarını likit varlıklara kaydırmalarını tavsiye ederek piyasada büyük saygınlık kazanmışlardır. 1931'de Wall Street'in çöküşünün ardından ilk kez kredi derecelendirmeler düzenleyici amaçlarla kullanılmaya başlanmıştır. 1932'de "Duff & Phelps" adlı derecelendirme şirketi kurulmuştur.

1933'te "Mercantile Agency" ve "Bradstreet Company" derecelendirme şirketleri birleşmiştir. 1934'te ilgili SEC (Securities and Exchange Commission - Amerika Sermaye Piyasası Kurulu) [6] kanunlarının çıkarılmasıyla birlikte "Standard Statistics Company" ve "Moody's"in dereceleri, itibarlı yatırımcılar ve sermaye yeterlilik uygulamaları için temel (benchmark) alınmaya başlanmıştır. 1941'de "Standard Statistics Company" ile "Poor's Publishing Company" birleşerek "Standard & Poors'"u oluşturmuşlardır. 1957 yılında S&P, derecelendirme haricinde en önemli ve tanınan ürünü olan S&P 500 Borsa Endeksi'ni piyasaya sunmuştur.

1962'de Moody's, "Dun & Bradstreet" tarafından satın alınmıştır. 1970' lerde Moody's'in derecelendirmeleri özel sektör tahvilleri ve banka mevduatlarını da kapsamaya başlamıştır. Moody's 1909 yılından 1970 yılına kadar şirket raporlarını yatırımcılara satarak gelir sağlarken, 1970'lerde hem

---

[6] SEC(Securities Exchange Commission- Amerika Semaye Piyasası Kurulu), yatırımcıları koruma, adil ve etkin piyasa ortamı yaratma, sermaye oluşumunu kolaylaştırmamisyonunda olan bir kuruluştur.

yatırımcılar hem de derecelendirilen kurumlardan ücret almaya başlamıştır. Günümüzde belli başlı kredi derecelendirme kuruluşlarının neredeyse tamamının geliri ücretlerden sağlanır ve genellikle derecelendirilenin miktarına bağlı olarak ihraççı tarafından ödenir. Bu durum derecelendirme için ödeme yapanların karşılığında ne almak istediği sorusunu akla getirmektedir (Sylla, 2002: 35). 1970'lerde ve 1980'lerde enflasyon, faiz oranları ve kurlar gibi makroekonomik değişkenlerdeki hareketlilik dolayısıyla riskler artmış, derecelendirmeye olan ihtiyaç çoğalmıştır. 1970'te "Penn Central Railroad"un iflası, başta Standard & Poor's olmak üzere kredi derecelendirme şirketlerinin yeniden yapılanma ihtiyacını doğurmuş, daha kaliteli hizmet verilebilmesinin sağlanması için derecelendirmelerin ücret karşılığında yapılma uygulaması yaygınlaşmıştır. 1975'te Standard & Poor's, ilk olarak ipotekli konut finansman sistemine (mortgage) dayalı menkul kıymetleri derecelendirerek piyasada yeni bir açılım oluşturmuştur.

1975 yılında Fitch, Moody's ve Standard & Poor's ABD' de SEC (Securities and Exchange Commission - Amerika Sermaye Piyasası Kurulu) tarafından "Ulusal Olarak Tanınan İstatistiksel Derecelendirme Kurumu" (NRSRO, Nationally Recognised Statistical Rating Organisation) [7] olarak tanınmıştır. 1975 yılında NRSRO'nun kurulması ve bu organizasyona dahil olabilmek için bazı şartların eklenmesi sonrasında 3 büyük derecelendirme firması piyasada etkili olmaya başlamıştır (Şimşek, 2009: 114).

Japonya'da "Japanese Bond Rating Service" 1975 yılında faaliyete geçerek üç büyük firmaya rakip olmak istemiştir. 1976'da Kanada'nın Toronto şehrinde DBRS (Dominion Bond Rating Service) adlı derecelendirme şirketi, 1978'de İngiltere'de Avrupa kökenli tek büyük derecelendirme şirketi olan IBCA (International Bank Credit Analysis) kurulmuştur.

---

[7]NRSRO(Nationally Recognised Statistical Rating Organisation-Ulusal Olarak Tanınan İstatistiksel Derecelendirme Kurumu), SEC tarafından onaylanan KDK'lardan oluşmaktadır. 2014 yılı itibariyle ABD'de kayıtlı NRSRO sayısı 10'dur. Bunlar; S&P, Moody's, Fitch, A.M. Best, DBRS, Egan-Jones(EJR), HR Ratings, Japan(JCR), Kroll Bond(KBRA), Morningstar'dır.

1980'li yılların başında finansal piyasalarda ortaya çıkan liberalleşme süreci ile yeni finansman tekniklerinin gelişmesi, işlem hacminin artmasına ve kaynak ihtiyacının giderek büyümesine yol açmış, ulusal piyasalar yetersiz gelmeye başlamış, mevcut fonların sağlıklı olarak yatırımlara kanalize edilebilme ihtiyacı artmıştır. Fonu kullanacak olanlar mali güçlerini fon arzında bulunanlara gösterebilmek, yatırımcılar da alacakları riski önceden bilmek için tarafsız kişi ve kuruluşlara ihtiyaç duymuşlardır. Bu dönemde 3 büyük derecelendirme şirketi, piyasalardaki boşluğu doldurabilmek amacıyla değişik ülkelerde ofisler açarak ve sektördeki diğer şirketlerle birleşerek hızla büyümüşlerdir. Finansal işlemlerin karmaşıklaşması ve hacminin artması para transferinde risklerin artmasına yol açmış ve bu dönem ile birlikte kredi derecelendirme şirketlerinin altın çağı başlamıştır.

1980'li yıllarla birlikte Standard & Poor's, 1984'de para piyasası yatırım ve bono fonlarını, 1985'te, ticari ipotekli konut finansman sistemi (commercial mortgage) enstrümanlarını, 1986'da da varlığa dayalı menkul kıymetleri (VDMK) derecelendirmeye başlamıştır.

1990'lı yıllarda küresel finansal ve ekonomik gelişmelerin yaşanması, ERM, Türkiye, Meksika, Rusya, Asya, Brezilya krizleri ve internetin kullanılmaya başlanmasıyla standart bir kredi derecelendirmeye duyulan ihtiyaç artmıştır.

Özellikle 1992 yılında IBCA derecelendirme şirketi, Paris merkezli "Fimalac S.A." tarafından satın alınmıştır. 1994'te Standard & Poor's bono fonlarının piyasa riskini derecelendirmeye başlamıştır. 1997'de Fitch Ratings, İngiliz derecelendirme şirketi "IBCA Limited" ile birleşerek kapsamını bankacılık, finans kurumları ve ülke derecelerini de içerecek şekilde genişletmiştir.

2000 yılında Fitch Ratings, "Duff & Phelps" firmasını ve "Thomson Bankwatch" şirketini satın almıştır. 2000 yılında Moody's kendisini 1962 yılında satın alan "Dun & Bradstreet"e yarı bağlı ama ayrı bir şirket haline gelmiştir.

2003 yılında Standard & Poor's, Moody's ve Fitch NRSRO listesinde tanınan ulusal kredi derecelendirme kuruluşları olmuştur. Yedi tane daha KDK 2000'li yılların ortasında onaylanmış, buna rağmen sadece Egan Jones aktif olarak Amerikan finansal olmayan kuruluşları derecelendirmiştir. 2003 yılında Kanada'nın önemli derecelendirme kuruluşu DBRS (Dominion Bond Rating Service) SEC(Securities and Exchange Commission-Amerika Sermaye Piyasası Kurulu) tarafından NRSRO listesine alınmıştır. 2006 yılında "A.M. Best" adlı derecelendirme kuruluşu, SEC tarafından NRSRO olarak kabul edilmiştir (Mukatel, 2006: 38).

2008 yılı Eylül ayı itibarıyla NRSRO statüsüne sahip on kredi derecelendirme kuruluşu bulunmaktaydı. Bunlar; Moody's Yatırımcılar Servisi, Standard & Poor's, Fitch, A. M. Best Şirketi, Dominion Bond, Japan Credit, R&I Şirketi, Egan-Jones, LACE Financial, Realpoint LLC'dir (TCMB, 2010: 3). Ancak bu şirketlerden AB.D. menşeli Standard & Poor's, Moody's ve Fitch pazar payının % 97'den fazlasını oluşturmaktaydı (DeHaan, 2013: 6).

2013 itibariyle SEC tarafından tanınan 10 adet NRSRO statüsündeki kredi derecelendirme kuruluşları şöyledir:

Tablo 1. NRSRO Statüsündeki Kredi Derecelendirme Kuruluşları

NRSRO	Kayıt Tarihi	Merkezi
A.M. Best Şirketi	24 Eylül 2007	ABD
DBRS Şirketi ("DBRS")	24 Eylül 2007	ABD
Egan-Jones Derecelendirme Şirketi("EJR")	21 Aralık 2007	ABD
Fitch	24 Eylül 2007	ABD
HR Ratings de México, ("HR Ratings")	5 Kasım 2012	Meksika
Japan Kredi Derecelendirme Şirketi ("JCR")	24 Eylül 2007	Japonya
Kroll Bond Derecelendirme Şirketi ("KBRA")	11 Şubat 2008	ABD
Moody's Yatırımcılar Servisi("Moody's")	24 Eylül 2007	ABD
Morningstar Kredi Derecelendirme ("Morningstar")	23 Haziran 2008	ABD
Standard & Poor's Derecelendirme Hizmetleri ("S&P")	24 Eylül 2007	ABD

Kaynak: NRSRO, 2013: 6.

http://www.sec.gov/divisions/marketreg/ratingagency/nrsroannrep1213.pdf (04.07.2014).

3. KREDİ DERECELENDİRME KURULUŞLARINA İHTİYACIN NEDENLERİ

Yatırımcılar, güvenilir yatırımlara yönelmek için kredi derecelendirme kuruluşlarına ihtiyaç duyarlar. Yol gösterme görevi üstlenen kredi derecelendirme kuruluşlarına ihtiyaç bu noktada başlar. İhtiyacı doğuran nedenlerden biri; globalleşen finansal sistemdir. Globalleşmeyle sermaye piyasalarında sınırlar ortadan kalkmış, dünya çapında yeni yatırımlar yapılması mümkün olmuştur. Genişleyen finansal piyasalar, çeşitli yatırım risklerini de beraberinde getirmiştir. Dünyanın bir yerinden başka yerine yatırım yapmak isteyenler, ülkenin politik yapısını, ekonomik ve siyasi geçmişini, geleceğe yönelik beklentilerini öğrenerek, yatırım öncesi risklerin ölçülmesini isterler. Oluşan riskleri kıyaslamak ve paralarını güvenilir yatırımlara yönlendirmek için kredi derecelendirme kuruluşlarının notlarına ihtiyaç duyarlar.

Bir diğer neden ise; karmaşık yapıdaki türev ürünlerdir. Yatırımcılar, bu risklerin yaratmış olduğu belirsizlik ortamını azaltmak ve daha iyi analiz etmek için, kredi derecelendirme kuruluşlarının notlarına ihtiyaç duyarlar. Piyasalarda kredi derecelendirme notunun yerini tutabilecek genel kabul görmüş alternatif enstrümanın bulunmaması, kredi derecelendirme kuruluşlarına ihtiyaç nedenini açıklamaktadır.

Kredi derecelendirme kuruluşlarına ihtiyaç duyulmasındaki bir başka neden ise; zorunlu düzenlemelerdir. Uluslararası piyasalardaki düzenleyici otoriteler, fon ihraç edenlerin kredi derecelendirme kuruluşlarınca notlandırılmasını şart koşmuşlardır. Örneğin, Amerika'da bir emeklilik fonunun herhangi bir ülkede yatırım yapabilmesi için; o ülkenin, kredi derecelendirme kuruluşlarından kredi notu alması gerekmektedir. Bir şirketin borsaya girebilmesi için de notlandırılmış olma şartı vardır [8].

---

[8] Düzenleyici kuruluşlar tarafından Türkiye'de kredi derecelendirme henüz zorunlu tutulmamıştır. Zorunluluk kültürünün oluşması için hem kredi derecelendirme kuruluşlarına hem de düzenleyici kuruluşlara sorumluluklar düşmektedir .

4. KREDİ DERECELENDİRME KURULUŞLARININ DERECELENDİRME KRİTERLERİ

Kredi derecelendirme kuruluşları şirketler, finans kuruluşları, mahalli idareler, ülkeler olmak üzere çeşitli ihraççıları ve tahviller, senetler, diğer menkul kıymetler gibi borç ihraçlarını derecelendirirler (S&P (a), 2014: 11)[9]. Derecelendirme işlemini yaparken uluslararası kredi derecelendirme kuruluşları, benzer niteliksel ve niceliksel kriterleri baz alırlar. Bu kriterler ihraççının borçlarını, vaktinde ve tamamıyla ödemesine ilişkin istekliliğini ve kapasitesini etkileyebileceğine inandıkları unsurları kapsamaktadır (Dimitrijevic, 2012: 3)[10]. Derecelendirme kriterleri bu çalışmada; kurumsal derecelendirmeler, yapılandırılmış finansal araçların derecelendirilmesi, ülke derecelendirmeleri ve banka derecelendirmeleri olarak incelenecektir.

4.1. KURUMSAL DERECELENDİRMELER

S&P, ihraççının kredibilitesini değerlendirirken, ihraççının yükümlülüklerini yerine getirme yetisini ve bu konudaki niyetini değerlendirir. KDK, kurumsal bir ihraççıyı derecelendirirken; temel performans göstergeleri, ekonomik etkiler, denetimin ve jeopolitik durumun yarattığı etkiler, yönetimin ve kurumsal idarenin özellikleri, kurumun rakipleri arasındaki yeri gibi birçok finansal ve finans dışı faktörü göz önünde bulundurur. KDK'lar kurumsal bonoları veya belediyelerce çıkarılan bonoları derecelendirilmeden önce ise ihraççının kredibilitesini değerlendirir. Kurumsal derecelendirmeler için S&P'nin incelediği risk faktörleri finansal risk ve iş riski olarak ikiye ayrılır (S&P (a), 2014: 12);

[9]http://www.standardandpoors.com/spf/upload/Ratings_EMEA/kredi_derecelendirmelerini_tanima_rehberi.pdf (21.07. 2014).
[10]http://www.standardandpoors.com/spf/upload/Ratings_EMEA/2012-03-01_UlkerlerinKrediNotunuBasilBelirliyoruz.pdf(24.07.2014).

Şekil 1. Kurumsal Derecelendirmeler için S&P'nin İncelediği Risk Faktörleri

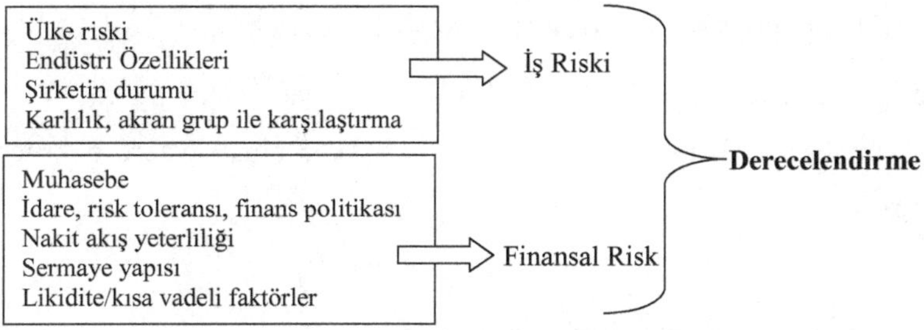

4.2. YAPILANDIRILMIŞ FİNANSAL ARAÇLARIN DERECELENDİRİLMESİ

Yapılandırılmış finansal araçlar, menkul kıymetleştirme süreci ile oluşturulan özel bir borç türüdür. Konut kredileri, otomobil kredileri, kredi kartı borçları vb. finansal varlıklardan oluşturulan havuzun, yeniden yapılandırılarak ayrı bir borç enstrümanı olarak sunulmasıdır. Bu süreçte üç ayrı taraf bir araya gelmektedir (Seval, 2014: 24-25);

- Originatör: İşleme kaynak oluşturan kredileri veren taraf
- Arranger: İşlemi yöneten taraf
- Special Purpose Entitiy(SPE): Menkul kıymetleştirmeyi gerçekleştiren birim

Risk farklılıklarına bakılmaksızın biraraya getirilen menkul kıymetlerin değerlendirilmesinde S&P, yasal yapısının doğurduğu riskleri ve SPE'nin elindeki varlıkların kredi kalitesini ele almaktadır. Yapılandırılmış finansal varlığın yaratacağı nakit akışları ve temerrüt halinde verilmiş teminatların gücü gibi unsurlar da dikkate alınan faktörler arasındadır. Moody's ise benzer şekilde yükümlülüğün sona ereceği tarihe kadar yatırımcıların karşılacağı kredi zararını temel alır. Kendi yöntemleri çerçevesinde geri ödenmeme ve temerrüt durumunda yatırımcının kayıplarını hesaplayarak, not skalalarına uyarlar (Seval, 2014: 25).

4.3. ÜLKE DERECELENDİRİLMESİ

Ülke derecelendirmesinde S&P Tablo 2'de yer alan politik skor, ekonomik skor, harici skor, mali skor ve parasal skor olmak üzere 5 kriteri değerlendirir.

Tablo 2. S&P'nin Ülke Kredi Derecelendirme Kriterleri

Bir ülkenin kredibilitesinin belirlenmesi için beş ana faktör				
Politik skor	**Ekonomik skor**	**Harici skor**	**Mali skor**	**Parasal skor**
↓			↓	
Politik ve ekonomik profil			Esneklik ve performans profili	
Gösterge niteliğinde derecelendirme seviyesi				
↓			İstisnai faktörler	
Yabancı para cinsinden derecelendirme				
↓			Sıfır ila iki basamaklık yükseltme	
Yerel para birimi cinsinden derecelendirme				

Kaynak: Dimitrijevic, 2012: 4.

Politik skor; devletin kurumlarının ve politikalarının o ülkenin kredi temellerini sürdürülebilir kamusal finansman alanı oluşturmak, dengeli ekonomik büyümeyi desteklemek ya da ekonomik ve siyasi şoklara cevap vermek açısından nasıl etkilendiğine dair bakışı yansıtır.

Ekonomik skor; ülkenin gelir seviyesi, büyüme perspektifi, ekonomik çeşitliliği ve volatilitesine bakışı yansıtır.

Harici skor; ülke para biriminin uluslararası işlemlerdeki statüsüne ait görüş, ülkenin harici likiditesi ve vatandaşlarının varlıklarıyla borçlarının dünyanın geri kalanıyla kıyaslanması durumunu gösteren, harici borçluluğa olan bakışı kapsar.

Mali skor; devletin borç yükünün ve bütçe açıklarının sürdürülebilirliğine dair bakışı yansıtır. Bu skorda, mali esnekliği, uzun vadeli mali eğilimleri ve hassasiyetleri, fonlama erişimini, koşullu finansal yükümlülüklerden doğan potansiyel riskleri ve borç yapısını değerlendirir. Bu skor kapsamlı olduğu için analizde “mali performans ve esneklik” ile “borç yükü” adlı iki alt bölüm mevcuttur.

Parasal skor; para arzının ve yurtiçi likidite şartlarının kontrolünden oluşur. Parasal karar otoriteleri; para politikaları, yurtiçi ekonomik sorunlara eğilme kabiliyeti, enflasyon eğilimleri, para politikalarının kredibilitesi, yurtiçi finans sistemi ile sermaye piyasaları derinliği, çeşitliliği ve para politikası kararlarının reel ekonomiye etkilerini değerlendirir.

S&P derecelendirmede kullanmış olduğu beş kriterin her birini 1’den (en kuvvetli), 6’ya kadar (en zayıf) olan rakamlarla skorlandırır. Skorlandırmada niceliksel ve niteliksel düşünceden faydalanılır. En son aşamada ise oluşturulan beş skor kriterleri doğrultusunda, derecelendirilen ülkenin devlet borçlarına yönelik politik ve ekonomik profili (politik skor ve ekonomik skorun ortalaması) ile esneklik ve performans profili(harici skor, mali skor ve parasal skor ortalaması) oluşturulur.

Tablo 3’te gösterildiği gibi, oluşturulan iki profil için ”gösterge niteliğinde kredi derecelendirme seviyesi” belirlenir. S&P’nin beklentisi; ülkelerin yabancı para cinsinden kredi derecelendirmelerinin, söz konusu ülkelerin benzerleriyle kıyaslandığındaki durumuna bakılarak genellikle gösterge niteliğindeki derecelendirme seviyesinin bir basamak altında veya üstünde olur. Bir ülkenin politik ve ekonomik profili, ” kısmen kuvvetli”, esneklik ve performans profili ise “çok kuvvetli” görülüyorsa, derecelendirme notu “AA-“’nın bir basamak altında ve ya üstünde olur.

Tablo 3. Gösterge Niteliğindeki Derecelendirme Seviyeleri

Politik ve Ekonomik Pofil ile Esneklik ve Performans Profili Birleşiminden Oluşan Gösterge Niteliğindeki Derecelendirme Seviyeleri												
Politik ve Ekonomik Profil												
Esneklik ve Performans Profili	**Kategori**	**Üstün**	**Son derece kuvvetli**	**Çok kuvvetli**	**Kuvvetli**	**Kısmen kuvvetli**	**Orta**	**Kısmen zayıf**	**Zayıf**	**Çok zayıf**	**Son derece zayıf**	**Yetersiz**
Kategori	Skor	1	1,5	2	2,5	3	3,5	4	4,5	5	5,5	6
Son derece kuvvetli	1-1,7	aaa	aaa	aaa	aa+	aa	a+	A	a-	bbb+	N/A	N/A
Çok kuvvetli	1,8-2,2	aaa	aaa	aa+	aa	aa-	A	a-	bbb+	bbb	bb+	bb-
Kuvvetli	2,3-2,7	aaa	aa+	aa	Aa-	A	a-	bbb+	bbb	bb+	bb	b+
Kısmen kuvvetli	2,8-3,2	aa+	aa	aa-	a+	a-	bbb	bbb-	bb+	bb	bb-	b+
Orta	3,3-3,7	aa	aa-	a+	A	bbb+	bbb-	bb+	bb	bb-	b+	b
Kısmen zayıf	3,8-4,2	aa-	a+	a	bbb+	bbb	bb+	bb	bb-	b+	b	b
Zayıf	4,3-4,7	a	a-	bbb+	bbb	bb+	bb	bb-	b+	B	b-	b-
Çok zayıf	4,8-5,2	N/A	bbb	bbb-	bb+	bb	bb-	b+	B	B	b-	b-
Son derece zayıf	5,3-6	N/A	bb+	bb	bb-	b+	B	B	b-	b-	ccc/cc	ccc/cc

Kaynak: Dimitrijevic, 2012: 4.

Uluslararası kabul görmüş kredi derecelendirme kuruluşlarının tümü, derecelendirme kriterlerinde genel olarak ekonomik ve siyasi göstergeleri kullanırlar. Ekonomik değerlendirme; ülke ekonomisinin esnekliği, ekonomik istikrarı, büyüme potansiyeli, borç oranları ve ödeyebilme kapasitesinin ölçülmesine dayanır. Siyasi değerlendirme ise; ülkenin siyasi istikrarı, ülke liderinin durumu, dış politika gelişmeleri, Merkez Bankası'nın bağımsızlık derecesi ve siyasi gündemdeki risklerin incelenmesine dayanır. Derecelendirme kıyaslama esasına dayandığı için; kredi derecelendirmenin konusunu oluşturan kurum ya da kuruluşlarının geçmiş en az 3 yıllık performanslarıyla, mevcut durumları kıyaslanır (Karagöl ve Mıhçıokur, 2012: 16-17). Her bir kriterin ağırlıkları, kredi derecelendirme kuruluşlarının metodolojilerinde net olarak yer almamaktadır. Örneğin yüksek gelire sahip olan bir ülke için kriterlerin etkileme derecesi, ülkenin kurumsal istikrarında uzun bir geçmişinin olup olmadığına veya gelişiminin ortasında olup olmadığına bağlıdır (Setty & Dodd, 2003: 5).

4.4. BANKALARIN DERECELENDİRİLMESİ

KDK'lar finansal krizde banka performanslarını öngörememiş ve krizin bankacılık sektörünün yapısal özelliklerinden kaynaklandığını savunmuşlardır. Bankaların finansal sistemin istikrarı açısından önemi ve rolü, dışarıdan alacakları yardımın derecesini de belirler. Bu nedenle, bankaların kredi değerliliği belirlenirken sistematik riske duyarlılıkları, dışarıdan alacakları yardım ve banka performanslarında gözlemlenen volatilite katsayıları dikkate alınır (Packer ve Tarashev, 2011: 42).

Bankaların kredi değerliliğinde iki farklı derecelendirme notu atanmaktadır. Dış destekten bağımsız sadece bankanın finansal gücüne bakılarak verilen derecelendirme "Stand-alone", dış desteğin de dikkate alındığı derecelendirme ise "All-in" olarak adlandırılır. Bankanın kredi değerliliği belirlenirken, faaliyet gösterdiği sektörel, finansal ve ekonomik çerçeveyi de yansıtması gerekir. Finansal sistem içerisinde oluşan risklere duyarlılığın da yer aldığı daha bütünsel bir yaklaşıma ihtiyaç duyulmaktadır. Oluşan sistemik riskin ölçülmesine yönelik formel bir sistem mevcut değildir. KDK'lar sistemik ölçümlerde bulunurken yüksek kredi büyümesi, fiyatlarda balon oluşması gibi riski artıran unsurları göz önünde bulundururlar (Seval, 2014: 27-29). Üç Büyükler'in[11] banka derecelendirme metodolojilerine Tablo 4'te yer verilmiştir.

[11] S&P, Moody's ve Fitch

Tablo 4. Üç Büyükler'in Banka Derecelendirme Metodolojileri

ÜÇ BÜYÜKLER'İN BANKA DERECELENDİRME METODOLOJİLERİ			
	Fitch	**Moody's**	**Standard & Poor's**
Stand-alone (İçsel finansal güç)	Bilanço dışı yükümlülükler, fonlama ve likidite riskine odaklanma	İleriye yönelik sermaye oranlarının beklenen zarar hesaplarının çerçevesinde hesaplanması	Riske göre ayarlanmış performans ve dağıtılmayan karlarla sermayenin desteklenme gücü
All-in (Dış destek ile)	Ülke destek notları taban oluşturur	Bankanın ve destek sağlayanların ortak temerrüt analizini temel alır	Bankanın sistemik önemi arttıkça beklenen desteği artacağı hesaplanır
Sistemsel Ülke notları etkiler mi? Sistemik risk banka derecelendirmelerini etkiler mi?	Evet -makro göstergeler -ortalama banka notları Açık olarak nota dahil edilmez. Bankanın sistemik önemi arttıkça beklenen desteği artacağı ancak genel bir sıkıntıda düşeceği düşünülür	Hayır Açık olarak nota dahil edilmez, Bankanın sistemik önemi arttıkça beklenen desteği artacağı hesaplanır.	Evet – makro göstergeler – sektör ve yasal çevre Evet, etkiler: – bankanın faaliyet gösterdiği ülkelerdeki makro göstergeler yoluyla – sektörün ve yasal çevrenin değerlendirilmesi yoluyla

Kaynak: Packer ve Tarashev, 2011: 45.

5. KREDİ DERECELENDİRME SEKTÖRÜNDE "ÜÇ BÜYÜKLER" VE DERECELENDİRME NOTLARI

Kredi derecelendirme sektöründe üç büyükler olarak adlandırılan kuruluşlar; Standard & Poor's, Moody's ve Fitch' dir. Şekil 2'de görüldüğü gibi; NRSRO bünyesinde yapılan toplam derecelendirmede pastadaki en büyük payı üç büyükler almaktadır. Pazar payının % 97'den fazlasını oluşturmaları, "üç büyükler" olarak adlandırmalarına neden olmakta ve geriye kalan 7 KDK[12] ise pazar payının sadece % 3'lük kısmını oluşturmaktadır. NRSRO'ya kayıtlı üç büyüklerin her birinin ayrı ayrı ve diğer kredi derecelendirme kuruluşlarının toplam derecelendirme payı aşağıda verilmiştir.

[12] A.M. Best, DBRS, Egan-Jones(EJR), HR Ratings, Japan(JCR), Kroll Bond(KBRA), Morningstar.

Şekil 2. NRSRO Bünyesinde Yapılan Toplam Derecelendirme Dağılımı

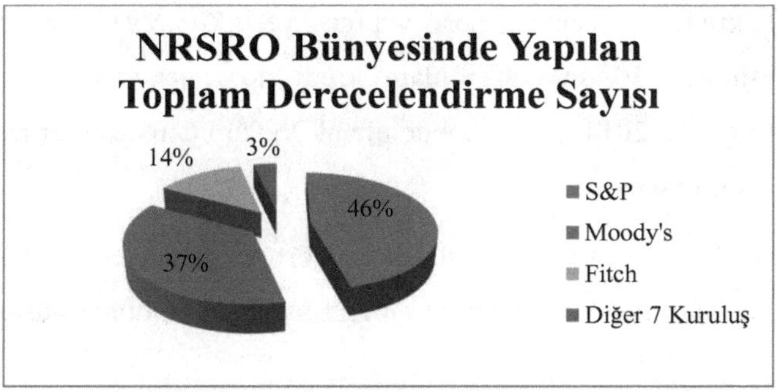

Kaynak: http://www.sec.gov/rules/final/2014/34-72936.pdf (25.11.2014).

5.1. STANDARD AND POORS'UN DERECELENDİRME TANIMLARI

Ekonomi analisti Henry Varnum Poor'un 1860 yılında yazdığı ABD Demiryolları ve Kanallarının Tarihi (History of Railroads and Canals in the USA) kitabıyla S&P'nin temelleri atılmıştır. Standard & Poor's 1916 yılından itibaren dünya çapında kredi derecelendirmeleri yayınlamakta, yatırımcılar ve piyasa katılımcıları için bağımsız kredi riski analizleri sunmaktadır (S&P(a), 2014: 1)[13].

154 yıldır piyasada bağımsız kredi riski araştırmasının önde gelen sağlayıcılarından biri olan S&P, dünya çapında 23 ofis, 1400'ün üzerinde analist, yönetici ve ekonomistle sürekli olarak kredi itibarını etkileyen değişkenleri belirlemektedir (S&P (b), 2014: 1)[14]. Toplamda 2014 yılında 6000 çalışanı ile sektörde öncü rolünü üstlenen kuruluşlardan biri olan S&P, beş temel alanda derecelendirme yapar. Bunlar; finansal kurumlar, sigorta şirketleri, şirketler, varlığa dayalı menkul kıymetler (asset-backed securuities) ve devlet tahvilleridir. 2011 yılı verilerine göre 3.50 trilyon dolar borcu derecelendirmiştir

[13]http://www.standardandpoors.com/spf/upload/Ratings_EMEA/kredi_derecelendirmelerini_tanima_rehberi.pdf (01.04.2014).
[14]http://ratings.standardandpoors.com/about/who-we-are/what-we-do.html (02.04.2014).

(S&P (c), 2014:1) [15]. 31 Aralık 2013 verilerine göre S&P yaklaşık olarak 1.124.700 adet kredi derecelendirmesi yapmış ve ilk sıraya yükselmiştir. NRSRO bünyesindeki 10 şirketin toplam kredi derecelendirme sayısı ise 2,437,046 adettir (SEC, 2014: 25)[16]. Sonuç olarak toplam derecelendirmenin % 46,1'ini S&P oluşturmaktadır.

Standard & Poors'un tüm dünyada kabul görmüş derecelendirme skalası ve bu skalada yer alan her bir sembolün anlamı aşağıdaki tabloda gösterildiği gibidir.

Tablo 5. S&P'nin Derecelendirme Skalası

YATIRIM NOTU	'AAA'	Mali yükümlülükleri karşılamada en yüksek dereceyi gösterir.
	'AA'	Mali yükümlülükleri karşılamak için çok kuvvetli kapasiteyi gösterir.
	'A'	Mali yükümlülükleri karşılamak için kuvvetli kapasiteyi gösterir. Ancakşartlardaki değişiklikler ve uygunsuz ekonomik koşullara hassasiyet de mevcuttur.
	'BBB'	Mali yükümlülükleri karşılamada yeterli kapasiteyi gösterir. Ancak uygunsuz ekonomik koşullara da fazla maruziyet vardır.
	'BBB-'	Piyasa katılımcıları tarafından en düşük yatırım notu addedilmektedir
SPEKÜLATİF NOT	'BB+'	Piyasa katılımcıları tarafından en yüksek spekülatif not addedilmektedir.
	'BB'	Yakın gelecekte daha az hassasiyet göstermekle birlikte, uygunsuz iş koşulları, finansal ve ekonomik koşullara karşı belli başlı bilinmezliklere açıktır.
	'B'	Uygunsuz iş koşulları, finansal ve ekonomikkoşullara karşı daha hassastır. Ancak finansal yükümlülüklerini yerine getirme kapasitesi mevcuttur.
	'CCC'	Hali hazırda hassasiyet mevcuttur. Finansal yükümlülüklerin yerine getirilmesi uygun iş koşulları, finansal ve ekonomik koşullara bağlıdır.
	'CC'	Hali hazırda yüksek ölçüde hassasiyet vardır.
	'C'	İflas veya benzeri işlemler başlatılmakla beraber, finansal yükümlülüklerin ifası devam etmektedir.
	'D'	Finansal yükümlülüklerin ifası temerrüde düşmüştür.

Kaynak: (S&P (a), 2014: 10)[17].

[15] http://ratings.standardandpoors.com/about/who-we-are/s-and-p-by-numbers.html (02.04.2014).
[16] http://www.sec.gov/rules/final/2014/34-72936.pdf (15.11.2014).
[17] http://www.standardandpoors.com/spf/upload/Ratings_EMEA/kredi_derecelendirmelerini_tanima_rehberi.pdf (01.04.2014).

'AA'dan 'CCC' ye kadar olan derecelendirmelere (+) veya (-) işaretleri ilave edilerek ana derecelendirme kategorileri içerisinde göreceli durum belirtilebilir.

5.2. MOODY'S YATIRIMCILAR SERVİSİ'NİN DERECELENDİRME TANIMLARI

Menkul kıymetleri derecelendirme sistemi, 1909 yılı John Moody kaynaklı bir sistemdir. Moody's'in derecelendirme amacı; yatırımcılara menkul kıymetlerin gelecekteki göreceli kredibilitesinin ölçümüyle elde edilen basit bir sıralamayı sağlamaktır (Moody's (a), 2014:1)[18].

Moody's Yatırımcılar Servisi, kredi derecelendirme araştırması ve risk analizinin lider sağlayıcısıdır. 2013 yılında 2.9 milyar dolar gelir elde eden, dünya çapında yaklaşık 6800 kişiye istihdam olanağı sunan ve 28 ülkede varlığını sürdüren bir kuruluştur (Moody's (b), 2013: 1)[19]. NRSRO bünyesindeki Moody's 31 Aralık 2013 verilerine göre yaklaşık 901.900 adet kredi derecelendirmesi yapmıştır (SEC, 2014: 25). NRSRO bünyesindeki kredi derecelendirme kuruluşlarının yapmış olduğu derecelendirmenin % 37'sini Moody's Yatırımcılar Servisi oluşturarak 2. sıraya yerleşmiştir.

Kredibilite sıralaması, kredi özellikleri genel olarak aynı olan bir grubu temsil eden derecelendirme sembolleri ile gösterilir. En az kredi riskinden en yüksek kredi riskine doğru gösterimi şu şekildedir: Aaa, Aa, A, Baa, Ba, B, Caa, Ca, C. Moody's Aa'dan Caa'ya kadar her derecelendirme sınıflamasına sayısal tanımlayıcılar ekler. Moody's 'in ayrıntılı derecelendirme skalasına aşağıdaki tablolarda yer verilmiştir.

---

[18] http://www.moodys.com/ratings-process/Ratings-Definitions/002002 (02.07.2014).
[19] http://ir.moodys.com/Cache/22414239.PDF?Y=&O=PDF&D=&FID=22414239&T=&OSID=9&IID=108462 (09.12.2014).

Tablo 6. Moody's Yatırımcılar Servisi'nin Uzun Dönem Not Skalası

<table>
<tr><th colspan="3">Uzun Dönem Notları</th></tr>
<tr><td rowspan="4">Yatırım Yapılabilir</td><td>'Aaa'</td><td>En yüksek derecede borç ödeme kabiliyetini, minimum kredi riskini gösterir.</td></tr>
<tr><td>'Aa'</td><td>Yüksek derecede borç ödeme kabiliyetini, çok düşük kredi riskini gösterir.</td></tr>
<tr><td>'A'</td><td>Üst-orta derecede borç ödeme kabiliyetini, düşük kredi riskini gösterir.</td></tr>
<tr><td>'Baa'</td><td>Orta derecede borç ödeme kabiliyeti, orta derecede kredi riskini gösterir. Spekülatif özelliklere sahip olabilir.</td></tr>
<tr><td rowspan="5">Spekülatif</td><td>'Ba'</td><td>Spekülatif unsurlar ve önemli kredi riski taşır.</td></tr>
<tr><td>'B'</td><td>Spekülatif, yüksek kredi riskini taşır.</td></tr>
<tr><td>'Caa'</td><td>Zayıf itibar ve çok yüksek kredi riski içerir.</td></tr>
<tr><td>'Ca'</td><td>Çok yüksek spekülatif özelliğe sahip, çok düşük borç ödeme kabiliyetini gösterir.</td></tr>
<tr><td>'C'</td><td>Borç ödeme kabiliyeti yoktur.</td></tr>
</table>

Kaynak: Moody's (c) ,2014: 5 [20].

Moody's Yatırımcılar Servisi'nin temel not skalası Tablo 7'de görüldüğü gibidir. S&P ve Fitch'den farklı olarak Moody's hem harf hem de rakamları bir arada kullanmaktadır.

Tablo 7. Moody's Yatırımcılar Servisi'nin Not Skalası

<table>
<tr><th>Moody's Not Sistemi</th><th>Notun Açıklaması</th><th></th></tr>
<tr><td>Aaa</td><td>En yüksek derece</td><td rowspan="10">Yatırım Yapılabilir Seviye</td></tr>
<tr><td>Aa1</td><td></td></tr>
<tr><td>Aa2</td><td>Yüksek derece</td></tr>
<tr><td>Aa3</td><td></td></tr>
<tr><td>A1</td><td></td></tr>
<tr><td>A2</td><td>İyi kredi derecesi</td></tr>
<tr><td>A3</td><td></td></tr>
<tr><td>Baa1</td><td></td></tr>
<tr><td>Baa2</td><td>Ortanın altı seviye</td></tr>
<tr><td>Baa3</td><td></td></tr>
<tr><td>Ba1</td><td></td><td rowspan="10">Spekülatif Seviye</td></tr>
<tr><td>Ba2</td><td>Yatırım yapılmaz</td></tr>
<tr><td>Ba3</td><td></td></tr>
<tr><td>B1</td><td>Spekülatif</td></tr>
<tr><td>B2</td><td>Önemli derecede spekülatif</td></tr>
<tr><td>B3</td><td></td></tr>
<tr><td>Caa</td><td></td></tr>
<tr><td>Caa3</td><td>Şiddetli riskli</td></tr>
<tr><td>Ca</td><td>Aşırı spekülatif</td></tr>
<tr><td>D</td><td>Yükümlülüğünü yerine getiremez</td><td>Default</td></tr>
</table>

Kaynak: Karagöl ve Mıhçıokur, 2012: 16 [21].

---

[20] http://www.moodys.com/researchdocumentcontentpage.aspx?docid=PBC_79004 (06.07.2014).
[21] http://setav.org/tr/kredi-derecelendirme-kuruluslari-alternatif-arayislar/rapor/1273 (15.04.2013).

5.3. FITCH RATINGS DERECELENDİRME TANIMLARI

Fitch Ratings derecelendirme kuruluşu, John Knowles Fitch tarafından "Fitch Publishing Company" adı ile 1913 yılında New York'ta kurulmuş olup, Amerika Birleşik Devletleri'nde de kabul gören ilk Avrupa kökenli derecelendirme şirketidir. Fitch yatırımcılardan gelen yoğun talep sonucunda AAA-D aralığında derecelendirme çizelgesini yayınlamış ve geliştirmiştir. Amerika Sermaye Piyasa Kurulunca derecelendirme kuruluşlarının standardizasyonu için kurulan NRSRO (Nationally Recognized Statistical Rating Organisation) kuruluşundan birisi olmuştur.

1932 yılında kurulan Duff and Phelps, 1989 yılında kurulan IBCA ile birlikte Nisan 2000 yılında birleşen Fitch, Bank Watch Birliğini Thompson şirketinden satın almıştır. Fitch IBCA ismini, 2002 yılında Fitch Ratings olarak değiştirmiştir (Karagöl ve Mıhçıokur, 2012: 12).

Dünyanın üç büyük uluslararası derecelendirme kuruluşundan biri olan Fitch, 2215 çalışanı ve dünya genelinde 49 ofisi ile 100 ülkede, 6.047 banka ve finans kuruluşuna ve 1.700'den fazla kurumsal şirkete rating hizmeti vermektedir. Ayrıca Türkiye'de ofisi bulunan tek uluslararası derecelendirme kuruluşudur (Fitch (a), 2013)[22].

31 Aralık 2013 NRSRO verilerine göre Fitch, yaklaşık olarak 326,257 adet derecelendirme ile NRSRO bünyesinde üçüncü sırada yerini almıştır (SEC, 2014: 25). Fitch'in kullandığı not skalası ve anlamları aşağıdaki gibidir.

---

[22]http://www.fitchratings.com.tr/kurumsal.asp (05.07.2013).

Tablo 8.Fitch Ratings Uzun Vadeli Kredi Derecelendirme Skalası

Fitch Ratings Uzun Vadeli Kredi Derecelendirme Not Skalası		
AAA	En yüksek kredi kalitesidir. En düşük kredi riski beklentisini gösterir. Değişen iş ve ekonomik gelişmelerden etkilenme olasılığı düşük, risk unsuru yok denecek düzeydedir.	**Yatırım Yapabilir**
AA	Çok yüksek kredi kalitesi, çok düşük kredi riski beklentisini gösterir. Değişen iş ve ekonomik koşullardan az etkilenebilir, risk unsuru düşüktür.	
A	Yüksek kredi kalitesi, düşük kredi riski beklentisini gösterir. Değişen iş ve ekonomik koşullara karşı hassastır. Risk unsuru içerir.	
BBB	İyi kredi kalitesi, güncel olarak düşük kredi riski beklentisini gösterir. Değişen iş ve ekonomik koşullardan zarar görebilir. Bu not, kategorisinde, en düşük yatırım notu olarak yer alır.	
BB	Spekülatif, kredi riskinin oluşabileceğini, özellikle zamanla ekonomideki olumsuz gelişmelerden etkilenilebileceğini gösterir. İş ve finansal alternatifler finansal yükümlülüklerini yerine getirmeye yetebilir. Bu kategoride değerlendirilen, tahvil ve senetler yatırım kategorisinde değildirler.	**Spekülatif**
B	Yüksek düzeyde spekülatif, kredi riskinin kayda değer düzeyde var olduğunu ve sınırlı düzeyde bir güven marjının olduğunu gösterir. Güncel olarak finansal yükümlülüklerini karşılayabilir; fakat, düzenli ödemeleri gerçekleştirebilme kapasitesi, iş ve ekonomik koşulların elverişli olmasına bağlıdır.	
CCC, CC, C	Yüksek düzeyde yükümlülüğü yerine getirememe riski. Finansal yükümlülüğünü yerine getirememesi olasıdır. Yükümlülüklerini yerine getirebilme kapasitesi yalnızca iş ve ekonomik gelişmelerin elverişli olmasına bağlıdır. 'CC' notu finansal yükümlülüğü yerine getirmemesinin olası olduğuna işaret eder. 'C' notu ise, yükümlülüğünün yerine getirilemeyeceğine sinyaldir.	
DDD, DD, D	Yükümlülüğünü yerine getirememe. Bu kategoride yer alanlar, yükümlülüklerinin bir kısmını veya tamamını yerine getirememiştir.'DDD' notuna sahip olanların, yeniden yapılansa da, yapılanmasa da, performanslarında yüksek düzeyde düzelme olasılığı vardır. 'DD' ve 'D' notuna sahip olanlar, genellikle formel bir yeniden yapılanma veya likidasyon sürecindelerdir. 'DD' notuna sahip olanlar yükümlülüklerinin önemli bölümünü karşılayabilmeye uygun iken, 'D' alanların yükümlülüklerini geri ödemesi düşük bir ihtimaldir. Bu kategoride yer alanlar, yükümlülüklerinin bir kısmını veya tamamını yerine getirememiştir.	

Kaynak: Fitch Ratings, 2013: 1.

6. KREDİ DERECELENDİRME KURULUŞLARININ ÖNEMİ VE PİYASALAR ÜZERİNDEKİ ETKİLERİ

Finansal kaynak kullandırmanın en önemli hususlarından birini borçlunun borcunu geri ödeyip ödeyemeyeceği konusundaki belirsizlik oluşturmaktadır. Önemli sorun ise asimetrik bilgi; borçlunun geri ödeme ihtimali hakkında borç verenden daha çok bilgiye sahip olma durumudur. Sonuç olarak, kredi sağlamadan önce, borç veren muhtemel borçlular hakkında geniş kapsamlı bilgi toplayacak ve böylelikle hangisinin daha kredi vermeye değer, güvenilir olduğunu belirlemeye çalışacaktır. KDK, kredi sağlandıktan sonra bile, borçlunun eylemlerini izlemek ve geri ödemeyi riske atmayacağından emin olmak isteyecektir (White, 2010: 4).

Kredi Derecelendirme Kuruluşlarının önemi, bilgi edinildiğinde veya bilgi noksanlığında finansal piyasa katılımcılarının eylemlerinin nasıl etkilendiği incelendiğinde anlaşılır. Yatırımcının yatırım yapma kararlarını etkileyen en önemli göstergelerden biri derecelendirme kuruluşlarının sistematik olarak açıkladığı notlardır. Kredi Derecelendirme Kuruluşları, yatırımcılar ile finansman ihtiyacı içerisindeki firmalar arasındaki asimetrik bilgi sorununu çözmede ve spekülatif nitelikli işlemlerin önüne geçmede büyük rol oynamaktadır. Diğer yandan, kredi derecelendirme sadece bir görüştür. Derecelendirme kuruluşlarının analizler sonucu verdiği notlar, kuruluşların görüşünü yansıtmaktadır. Tutarlı notların verilmesi bu kuruluşların kredibilitesini ve görüşe olan güveni artırmaktadır. Kredi derecelendirme notları sadece görüş olarak nitelendirilip, yatırım tavsiyesi olarak algılanmasa da, yatırımcıların kararlarını etkileyebilmektedir. Yerli yatırımcıların çalışmaları, yurt dışından kredi almaları, tahvil alıp satmaları gibi yatırıma dair finansal kaynakların hepsi derecelendirme kuruluşları tarafından verilen bu notlardan etkilenmektedir (Karagöl ve Mıhçıokur, 2012: 14).

Ülke notlarındaki olumlu veya olumsuz değişiklikler o ülkenin kredibilitesinin tekrar gözden geçirilmesine, ülkenin borçlanma stratejilerinin etkilenmesine, yabancı yatırımcıların ilgili ülkeye yatırım yapma stratejilerinin değişmesine, borsa endekslerinin etkilenmesine, yatırımcıların ani kararlar almasına ve dolayısıyla, döviz kurlarında oynaklığın artmasına ve bu birbiriyle bağlantılı olaylar para piyasasının etkilenmesine neden olmaktadır.

6.1. KREDİ DERECELENDİRME KURULUŞLARININ AVANTAJLARI

Derecelendirme faaliyetlerinin objektif veriler kullanılarak güvenilir kurumlarca yapılması; ülkelere, sermaye piyasalarına, şirketlere ve yatırımcılara olumlu katkılar sağlamaktadır.

Gelişmekte olan ülkelerin karşılaştığı temel ekonomik sorunlarından biri, yatırım amaçlı kullanılacak fon kaynağı temininin zorluğudur. Yeterli tasarruf oluşturmak için gerekli olan gelir düzeylerinin çok düşük olması ve ülke içindeki finansal sistemin fon kaynaklarını yurtiçi sermaye birikimine yönlendirememesidir. Bu durum ülke yatırımının ve gelişiminin gidişatını etkileyecek ve fon temininin uluslararası sermaye piyasalarından sağlanmasının önemini ortaya çıkaracaktır. Bunun yanında gelişmekte olan ülkelerin bu kaynaklara erişimi bir veya birkaç kredi derecelendirme kuruluşunun olumlu, kredi verilebilir durumda notlar almasını gerektirir. Edinilen güçlü bir kredi derecelendirme notu, kolay ve düşük maliyetli kredi temininde önemli rol oynamaktadır (Setty & Dodd, 2003: 3). Hükümetler de derecelendirme kuruluşlarının bir onayı ile dünya çapında toplam borçların yüzde 40'ını oluşturan 20 trilyon dolara(15 trilyon euro) yakın borç alabilmekte, böylece toplumsal projelerin finansmanında kullanabilmektedirler (Karaca, 2005: 7). Ayrıca iyi bir kredi notundan meydana gelebilecek olumlu bir gelişme, ülkeye milyarlarca dolarlık yatırımların girişine imkan tanımaktadır. Örneğin; Türkiye'ye 21 yıl aradan sonra ilk kez iki kredi derecelendirme kuruluşu tarafından, uzun dönemli yabancı para cinsinden yatırım yapılabilir notu verildi. İlki Fitch'in 5 Kasım 2012'de bu notu vermesinden sonra ikinci karar ise 17

Mayıs 2013'te Moody's'ten gelmiştir. Türkiye'nin kredi notunu bir basamak artışla Ba1'den Baa3'e yükselten Moody's'in kararına Uluslararası Yatırımcılar Derneği YASED, "Not artırımının uzun vadede Türkiye'nin uluslararası doğrudan yatırımı çeken ilk 10 ülke arasına girme ve uluslararası yatırımlardan aldığı payı yüzde 1'den yüzde 3'e çıkarma yolunda önemli bir adım olduğunu düşünüyoruz" açıklamasında bulunmuştur (T.C. Başbakanlık Türkiye Yatırım Destek ve Tanıtım Ajansı, 2013: 1)[23]. Bir ülkeye yatırım yapabilmek için en az iki kredi derecelendirme kuruluşundan yatırım yapılabilir seviyede değerlendirilme şartı koşan pek çok kurumsal yatırımcı için Türkiye, cazip bir alternatif haline gelmiştir.

Kredi Derecelendirme Kuruluşları belirli bir yatırım enstrümanına bağlı risk faktörü ve şirketin kredibilitesi hakkında yatırımcılara bilgi vermektedir. Bu sayede potansiyel yatırımcılar yatırım yapıp yapmayacağına karar verebilmektedir. Yatırımcılar, karar verme süresince verilen bilgileri baz alarak daha güvenilir seçimler yapma olanağına ulaşmış olurlar. Sermaye sahibi yatırımcılar, düşük maliyetle uluslararası piyasalara ulaşım kolaylığı sağlamaktadır. İhraççı açısından bu durum, sermayeye daha kolay ve istikrarlı ulaşımı mümkün kılan kredi pasaportu görevi üstlenmektedir. Derecelendirme sayesinde şirketler; bulunduğu durumu objektif olarak görebilmekte, rekabet ortamında yatırım yapılabilir notlar elde etmek için yeni prensipler edinme imkanı bulmaktadır. Uluslararası kuruluşlardan derecelendirme hizmeti alan ülkelerin, şirketlerin itibarı da verilen notlarıyla doğru orantılı olarak ilerlemektedir.

KDK'lar, yatırımcılar tarafından kolay anlaşılabilen semboller sayesinde, küreselleşen ekonomilerde geniş kitlelere hitap edebilmektedirler. Örneğin, derecelendirme sembolleri, riskler ve yatırımın beklenen avantajları hakkında bilgi vermektedir. İlave olarak yatırımcılar, derecelendirilen yatırım araçlarına broker-dealer gibi aracılara ihtiyaç duymadan hem kolay hem de komisyon

[23] http://www.invest.gov.tr/tr-TR/infocenter/news/Pages/200513-turkey-2013-fdi-to-exceed-projections.aspx (15.07.2014).

ödemeden, yatırımlarıyla ilgili hızlı kararlar alabilmektedirler (Chand, 2013: 1)[24]. Yatırımcılar kredi riski hakkında güvenilir, küresel çapta kıyaslanabilir görüşlerle, daha geniş ihraççılar yelpazesi tarafından yapılacak ihraçların yatırımına açık olabilirler (Moody's (d), 2013:1)[25]. Sonuç olarak mali işlemlerin etkinliğinin artması, istikrar içinde gelişen mali piyasaların uluslararası piyasalarla entegrasyonunu sağlayacaktır.

6.2. KREDİ DERECELENDİRME KURULUŞLARININ DEZAVANTAJLARI

Kredi Derecelendirme Kuruluşlarının finansal piyasalara katkısı yadsınamaz büyüklüktedir. Ancak derecelendirme notlarının piyasaya faydaları kadar dezavantajları da söz konusudur. Örneğin KDK'ların piyasaları etkileme güçlerini kötüye kullanma ihtimalleri, güvenilirliklerinin sorgulanmasının temel nedeni olmaktadır.

Derecelendirme kuruluşlarının ülkelere verdiği düşük notlar yüksek maliyetli borçlanmaya, böylece ülkeleri ekstra borca itmektedir. Bunun en güzel örneğini; 1995 yılında merkezi New York'ta bulunan Moody's'in, Kanada'nın mali yapısını incelemeye alarak, kredi notunun düşürebileceğini ilan etmesiyle yaşanan Kanada dolarının Amerikan doları karşısında yarım puan değer kaybı oluşturmaktadır. Piyasaların derecelendirme notlarına bu derece duyarlı olması, yatırımcıların Kanada tahvillerini ellerinden çıkarmasına sebep olurken, bu tahviller üzerindeki faizlerin yükselmesiyle ilgili hükümet 300 milyon dolar fazladan ödeme yapmak zorunda kalmıştır. Gelişmiş bir ülke olan Kanada'yı büyük zarara sokan bu olayın, spekülasyonlara açık gelişmekte olan ülkelere verebileceği zararın ne derece büyük boyutlara ulaşabileceğinin bir göstergesidir (Karaca, 2005: 8). 1996 yılında bir televizyon röportajında gazeteci Thomas Friedman; "Bence bugün dünyanın iki büyük süper gücü vardır. Bunlardan biri

[24]http://www.yourarticlelibrary.com/1445/7-benefits-of-credit-rating-agencies-to-investors (25.06.2013).
[25]http://www.moodys.com/pages/default_tu.aspx (25.06.2013).

Amerika Birleşik Devletleri, bir diğeri ise Moody's Yatırımcılar Servisidir. Amerika sizi bombalar atarak yıkabilir, Moody's ise verdiği düşük notlarla... Ve inanın bana bazen hangisinin daha güçlü olduğunu asla bilemezsiniz." diyerek yaşanan olayın etkisini apaçık gözler önüne sermiştir (Sylla, 2002: 23-24).

Dünyanın birçok ülkesinde fonlar derecelendirme notları çerçevesinde değerlendirilmektedir. Avrupa ve ABD'deki fonların iç tüzüğünde yer alan yatırım şartına göre, yatırım yapılabilir seviyede olan ülkeye yatırım yapılması, fon arz ve talep edenleri derecelendirmeye bağımlı hale getirmektedir. Örneğin Amerika'daki bireysel emeklilik fonları gibi trilyon dolarlık dev yatırım fonlarının başka ülkeye yatırım yapabilmesinin şartı olarak, ülke derecelendirme notunun en az yatırım yapılabilir seviyede olması gerekmektedir. Bu nedenle, notları yatırım yapılabilir seviyede olmayan ülkelere fonların girişleri engellenmekte, bu durum borçlanma maliyetlerini de artırmaktadır (Karagöl ve Mıhçıokur, 2012: 4).

Derecelendirme kuruluşları bazen ülke veya şirketlerin başvurusu olmaksızın değerlendirmede bulunabilirler. Örneğin; Standard and Poor's şirketinin bir talep olmadan kendiliğinden yaptığı değerlendirmeye "Barbecue Rating" adı verilmektedir. S&P bu tip derecelendirmenin yanına "q" harfi koymaktadır. Bu işlem yatırımcıya, şirket veya ülkenin herhangi bir ödeme yapmadan değerlendirildiğini göstermektedir. Aynı zamanda şirket veya ülkenin bir inceleme yaptırıp bedelini ödemesi için zorlayıcı bir unsur olmaktadır (Kara, 2013: 12)[26]. Bu durumla ilgili olay 1998 yılının Mart ayında dünyaca ünlü Alman Sigorta Şirketi Hannover Re'nin başına gelmiştir. Moody's bu şirkete herhangi bir ücret talep etmeksizin mali durumunu incelemeye karar verdiğini mektupla bildirmiştir. Ancak Hannover, derecelendirme hizmeti için iki kuruluşla çalışmakta olduğunu beyan ederek Moody's'in talebini reddetmiştir. Moody's ret cevabını dikkate almadan firmayı incelemeye almış ve diğer iki

[26] http://www.akademiktisat.net/calisma/iktisat_uygulama/rating_ulkeler_fkara.htm (02.07.2013).

kuruluşun olumlu değerlendirmeler yapmasına rağmen, şirketin mali yapısı hakkında olumsuz değerlendirmelerde bulunmuştur. Moody's'in yaptığı bu spekülatif derecelendirmeyi yayınlaması ile şirket hissedarları paniğe kapılmış ve son olarak 2003 yılının Mart ayında Moody's'in bir kademe daha not indirimde bulunmasıyla birlikte, hisselerin piyasa değeri birkaç saat içinde yüz milyonlarca dolar değer kaybetmiştir. 2004 yılında Moody's şirketin notunu "çöp" seviyesine getirmiş ve şirketin 175 milyon dolar kaybetmesine sebep olmuştur (Evans, 2012: 1121).

KDK'lar kendi kurallarını koymakta ve uygulamakta çekinmemektedirler. Bunun en iyi örneği 1999 yılında 500 milyon dolar borçlanmayı planlayan Amerikan yazılım şirketi Compuware Corp.'ın yaşadıklarıdır. Şirket, Moody's ve S&P ile belli bir ücret karşılığında anlaşmıştır. Ancak anlaşmanın üzerinden daha bir yıl geçmeden Moody's şirketten ekstra yıllık 5 bin dolar ücret talep etmiş ve şirketi bu tutarı ödemeye mecbur bırakmıştır (Karaca, 2005: 4).

KDK'ların çıkarları doğrultusunda piyasaları yönlendirebilme yetkisi de belli başlı sorunlar arasındadır. Örneğin; Moody's Türkiye'nin notunu 2010 yılında Ba2 ve 2012 yılında Ba1 "yatırım yapılamaz" seviyede tutarak doğrudan yatırımların yönünün Yunanistan, İspanya, İrlanda, Portekiz gibi krizin etkisinde kalan batmış ülkelere yönelmesine katkı sağlamışlardır. Bu ülkelerin notlarını da "yatırım yapılabilir" seviyede tutmuşlardır. Sonuç olarak derecelendirme kuruluşlarının kararlarına bağlı eleştirileri açıklayan birçok örnek vardır. Bu çalımada da KDK'ların kararları ve finansal yapı içindeki yerleri sorgulanmaya çalışılacaktır.

İKİNCİ BÖLÜM

FİNANSAL KRİZLER VE DERECELENDİRME KURULUŞLARI İLİŞKİSİ

1. 2008 ÖNCESİ FİNANSAL KRİZLER

Modern dünyanın yaşadığı en ağır kriz, 1929 yılında yaşanan Büyük Buhran'dır. 24 Ekim 1929 'da Perşembe günü yaşanan çöküş, tarihe "Kara Perşembe" olarak geçmiştir. Çöküşün ardından yatırımcılar hisse senetlerini ellerinden çıkarmak için yarışırken, oluşan panik ortamı borsayı daha da fazla düşürmüştür. New York Borsası'nda 16 milyon hisse senedi %50 ile %90 arası değer kaybederek satılmış, müdahale amaçlı yüksek değerler ödeyip hisse senedi alan büyük bankalar ise borsa düşüşünü durduramayıp birer birer iflasa yaklaşmıştır (Tekeli ve İlkin, 2009: 12). Mali piyasalarda yaşanan panik, reel sektöre de yansımış, global bir ekonomik kriz haline dönüşmüştür.

Dünya piyasalarını etkileyen bir başka kriz ise, 1973-74 yılında yaşanan petrol krizidir. 1973 yılında yaşanan Arap-İsrail(Yom-Kipur) Savaşı, krizin hızlanmasında rol oynamıştır. ABD ve bazı Avrupa ülkelerinin İsrail'i desteklemesine tepki olarak, Petrol İhraç Eden Ülkeler Örgütü-OPEC [27] (Organisation of Petroleum Exporting Countries) petrol ambargosu uygulamıştır. Ambargo sonucu petrol fiyatlarının aşırı yükselmesi maliyetleri arttırmış, bunun yanında ABD'nin devalüasyon kararı alması dünya ekonomisini olumsuz yönde etkilemiş, hatta büyüme oranlarının düşmesine neden olmuştur (Fülberth, 2010:

[27]OPEC(Organisation of Petroleum Exporting Countries-Petrol İhraç Eden Ülkeler Örgütü) 10-14 Eylül 1960 yılında İran, Irak, Kuveyt, Suudi Arabistan ve Venezuella tarafından oluşturulmuştur. Daha sonra katılan ülkeler ise; Katar, Endonezya, Libya, Birleşik Arap Emirlikleri, Cezayir, Nijerya, Ekvador, Gabon ve Angola'dır.

260). 1979-80 yıllarında da yükselmeye devam eden petrol fiyatı, OPEC ülke gelirlerini anormal biçimde artırmış, ve petro dolar [28] olarak adlandırılan sermayenin şişmesine yol açmıştır. OPEC'in yapmış olduğu yüksek oranlı zamlar nedeniyle ülkeler ödemelerini dış borçlanma yoluyla karşılamaya çalışmıştır. Borçlarını ödeme güçlüğü çeken ülkelerde bunalım artmış, İkinci Petrol Krizi dalga dalga yayılmıştır. KDK'ların derecelendirme işleminin borçlunun borcunu zamanında ödeyip ödeyememe kabiliyetini ölçmesi olarak tanımlarsak, o dönemdeki derecelendirme notlarının düşük olması beklenen bir durumdur.

Avrupa Para Sistemi, 1979 yılında ERM döviz kuru mekanizmasını(ERM-The European Exchange Rate Mechanism) oluşturmuşlardır. ERM'nin amacı döviz kuru değişimlerini azaltmak ve Avrupa'da parasal istikrarı sağlamaktır. ERM'ye üye 7 ülke[29] paralarını 1988 yılında sabit kur sistemiyle Alman Markına bağlamışlar ve dalgalanma marjını +/-% 2.5 olarak belirlemişlerdir. Avrupa Para Sistemi'ne 1989'da İspanya, 1990'da İngiltere ve 1992'de Portekiz de +/-%6 geniş bir marjla katılmışlardır. Döviz kuru istikrarının sürdürülebilirliğine olan inanç, yabancı sermaye akımlarını hızlandırmıştır. İngiltere, İspanya ve İtalya gibi büyüme hızı yüksek ve nispeten yüksek enflasyonlu ülkelerde, sıkı para politikaları nedeniyle faiz oranları diğer ERM üyesi ülkelerden daha yüksekti. Yüksek faiz oranları nedeniyle, Almanya'dan borçlanıp bu ülkelere yatırım yapmak daha avantajlı hale gelmişti (Solomon, 1999: 59). Sermaye akımı ülkelerin paralarını aşırı değerlendirip cari dengelerinin bozulmasına neden olmuştur. Yapılan çalışmalarda KDK'ların vermiş oldukları notlardan bu tip para krizlerini tahmin etmede başarısız oldukları tespit edilmiştir (Reinhart, 2002: 21).

24 Ocak 1980 kararı ile başlayan finansal serbestleşme süreci ile yeni bir döneme girmiştir. Türkiye'de sermaye hareketlerinin serbestleşmesiyle yabancı sermaye girişi 1989 yılında artış göstermiştir. Kısa vadeli sıcak para girişlerinin

---

[28]Petrol satışlarından elde edilen geliri tanımlamak için kullanılan terim.

[29] ERM(The European Exchange Rate Mechanism-Avrupa Para Sistemi)'ne 1979 yılında üye ülkeler Almanya, Fransa, Hollanda, Belçika, Danimarka, Lüksenburg ve İtalya'dır. 1989 yılında İspanya, 1990 yılında İngiltere ve 1992'de Portekiz de dahil olmuştur.

artması, dış ticaret bilançolarında ve kamu kesimi borçlanma gereğinde artışa neden olmuştur. Böylece 1994 yılında Türkiye'yi finansal krize sürüklemiştir (Seyidoğlu, 2003: 146). Kriz döneminde Türkiye'nin notunu 13 Ocak 1994'te Moody's Ba1(Spekülatif)'e, 14 Ocak 1994'te S&P önce BBB-'ye, 22 Mart 1994'te ise BB'ye düşürmüştür (Akçayır, 2013: 41).

90'lı yıllarda Meksika krizi diğer bir ifade ile tekila krizi olarak ifade edilen olay 1994 yılının Aralık ayında başlamıştır. Meksika hükümeti, para birimi olan Peso'nun aşırı değer kaybetmesiyle ülke krizle karşı karşıya kalmıştır. Meksika hükümetinin ihraç ettiği kağıtlar üzerindeki faiz oranlarının yüksekliği, Peso'nun gerçek değerinin altında olması ve Meksika'nın uzun dönem borçlarını ödeyebilme olasılığına rağmen, yabancı yatırımcılar Meksika'daki yatırımlarını geri çekmişlerdir. Yabancı sermaye kaçışının nedeni de ABD'deki faiz artışları olarak gösterilmiştir. Yatırımcıları yakın zamanda beklenen enflasyon artışı ve Meksika'nın borçlarını ödeyememe ihtimali korkutmuş, yaşanan finansal panik Peso'nun değer kaybetmesine neden olmuştur. Ayrıca güven sarsıcı siyasi gelişmeler, bankacılık sektöründe takipteki kredilerin artması, yeterli düzenlemelerin olmadığı koşullarda bankaların yanlış tutumları krizi destekleyen diğer unsurlar arasında sıralanabilir. ERM krizine de neden olan sabit veya yarı sabit kura dayalı istikrar politikası uzun vadede döviz kurlarını aşırı değerlendirerek cari açıklara yol açmıştır. Meksika krizinde de aynı sorunla karşı karşıya kalınmış bu krizden de yeterli derslerin çıkarılmadığı 1997-1998 yılında benzer şekilde ortaya çıkan Güney Doğu Asya Krizi'nin yaşanmasından da anlaşılmaktadır.

1997-98 yıllarında Tayland'da şirket iflasları ile başlayıp kısa sürede Endonezya, Güney Kore, Malezya ve diğer Asya ülkelerine yayılan bir başka kriz ise Güney Doğu Asya Krizi'dir. Finans piyasalarında başlayan kriz ortamı, reel sektörde de etkisini göstererek, diğer Asya ülkelerinde ve daha sonra OECD[30]

---

[30] OECD(Organisation for Economic Co-operation and Development-İktisadi İşbirliği ve Kalkınma Teşkilatı)'nin amacı dünyada insanların ekonomik ve sosyal refahını artıracak politikalar geliştirmektir. 30 Eylül 1961'de oluşturulan OECD'ye üye ülke sayısı 34'tür. Bunlar; Avusturalya, Avusturya, Belçika, Kanada, Şili, Çek Cumhuriyeti, Danimarka, Estonya, Finlandiya, Fransa,

(Organisation for Economic Co-operation and Development-İktisadi İşbirliği ve Kalkınma Teşkilatı) ülkelerinde de ciddi ekonomik sıkıntılara neden olmuştur. Kriz öncesinde gelişmekte olan ülkelere yönelen yabancı sermayenin büyük çoğunluğunu Güneydoğu Asya ülkeleri çekmiş ve bu ülkeler yabancı yatırımcılar için cazibe merkezi halini almıştır. Yabancı tasarrufların çokluğu, tasarruf yatırım dengesini bozmuş; sabit kur uygulamaları sonucunda ülke para birimleri değerlenmiş bu da ihracatı pahalılaştırırken, rekabet gücünü zayıflatmıştır. Oluşan cari açık problemini çözmek için de kısa vadeli dış borçlara ve doğrudan yabancı yatırımlara başvurmuşlardır. Krizin başlıca sebebi olarak bu ülkelerin yüksek düzeydeki dış borçları görülmektedir. Uluslararası KDK'lardan en büyük iki tanesinin ülkelere verdikleri uzun dönem yabancı para cinsinden derecelendirme notlarıyla da Asya krizini öngöremedikleri anlaşılmaktadır. 18 ay boyunca krizden ağır bir şekilde etkilenen ülkelerin notlarında herhangi bir düşüş yapmamışlardır (Hunter, Kaufman ve Krueger, 1999: 323). Belki de KDK'lar derecelendirme notlarıyla krizin gelişini ilan etmiş olsalardı, Asya krizi daha az kayıpla atlatılabilecekti.

Rusya'da 1997 yılında ekonomik sıkıntılar boy göstermeye başlamıştır. 1996-97 yılları arasında Rusya'da yabancı yatırım miktarı % 229 oranında artış göstermiştir. Rusya'daki bankalara düşük faizlerle para akışı gerçekleşmiş, bankalar da bu nakit fazlalarını iç piyasa da yüksek faizlerle kredi olarak kullandırmışlardır. Dünya petrol fiyatlarındaki düşüş, Rusya'nın dış gelirlerinde 10 milyar dolarlık bir azalışa neden olmuştur. Bunun üzerine kredi kullanıcılarının borcunu ödeyememesi de eklenince krizin başlaması kaçınılmaz olmuştur. Birçok banka ve şirket iflasları yaşanmıştır (Uludağ, 1998: 4). Rusya'nın en büyük yatırımcılarından birisi olan George Soros, krizin en önemli aktörlerinden birisi olarak görülmektedir. Soros Yatırım İşletmesinin sahibi George Soros, 1998 yılı Ağustos ayında Rusya'daki yatırımların 2 milyar dolar kaybettiğini açıklamıştır. The Financial Times' a gönderdiği bir mektupla,

---

Almanya, Macaristan, İzlanda, İrlanda, İsrail, İtalya, Japonya, Kore, Lüksemburg, Meksika, Hollanda, Yeni Zellenda, Norveç, Polonya, Portekiz, Slovakya, Slovenya, İspanya, İsveç, İsviçre, Türkiye, İngiltere, ABD.

Rusya'nın rubleyi devalüasyon yapması gerektiğini söylemiştir. Tüm bu açıklamalardan sonra borsa çökmüş, adeta bir derecelendirme kuruluşunun Rusya'yı düşük notlandırmasının yarattığı etkiyi, ünlü spekülatör tek başına yapmıştır (Birkenes ve Pennell, 1999: 2-3) Dönemin Rusya Başbakanı Boris Yeltsin, hazinenin iyi durumda olduğunu ve asla devalüasyon yapmayacağını açıklamasından birkaç gün sonra 17 Ağustos 1998'de, 1 ruble 6'dolardan, 9.5 dolara devalüe edilmiştir (Akdiş, 2000: 84). Uluslararası derecelendirme şirketlerinden S&P, krizin sinyallerinin oluşmaya başladığı dönemlerde 9 Haziran 1998'de ülkenin yabancı para cinsinden uzun vadeli boçlanma notunu B+ olarak açıklamıştır. 13 Ağustos 1998'de krizin etkilerinin oluşmasıyla ülke notunu B-'ye, 4 gün sonra da CCC'ye düşürmüştür[31]. S&P kriz etkilerinin oluştuğu ortamda, piyasaya tepki vermekte gecikerek gerekli refleksi gösterememiştir.

1999 yılında Brezilya'nın krize girmesinin nedenleri arasında 1998 yılında yaşanan Rusya Krizi ve uluslararası birçok yatırım fonunun iflas etmesi gösterilmiştir. Dönemin en büyük dokuzuncu ekonomisi, gerçekleştirdiği gelişmelerle model olarak gösterilen Brezilya'nın kriz yaşaması dünyayı şaşırtmıştır. Brezilya Real Plan uygulaması adı altında 4-5 yıl içinde enflasyon oranını % 2700'lerden %1-3'lere düşürmüştür. Daraltıcı para ve maliye politikaları sayesinde yıllık % 4 büyüme oranı yakalanmıştır (Öniş, 2003: 1).

2001 yılının ortalarına doğru bu kez de Arjantin'de, ülkenin IMF ile olan ilişkilerinden kaynaklı bir kriz yaşanmıştır. 2001 yılı Temmuz ayında S&P, Moody's ve Fitch'in aynı anda Arjantin'in kredi notlarını düşürmesi güvensizlik ortamı yaratmış, ülkede önemli aktifleri olan İspanyol bankaları da piyasadan çekilmiştir. Ülkeden büyük miktarlarda ve hızlı bir şekilde kaynak çıkışı yaşanmıştır. KDK'lar tekrar krizi öngörememiş, kriz ortamında yaptıkları ani not indirimleriyle de büyük kayıplara neden olmuştur (Evirgen, 2004)[32].

Türkiye 2000 yılı Kasım ayında bankacılık kesiminin sorunlar yaşaması ve IMF ile imzalanan stand by anlaşması kapsamında enflasyonu düşürme hedefinin

[31] http://www.okanacar.com/2013/02/derecelendirme-kurumlar-ve-kuresel-kriz.html (01.02.2015).
[32] http://www.mevzuatdergisi.com/2004/05a/04.htm (01.02.2015).

gerçekleşmemesi nedeniyle yeni bir finansal krize sürüklenmiştir. 1900'lü yılların sonlarına doğru gelişmekte olan ülkerde yaşanan finansal krizlerde göze çarpan ortak etken özel yabancı fon girişlerindeki hızlı artıştır. Türkiye'de 2000 yılındaki boçlanma yoluyla hızlı dış kaynak sağlanmıştır. Sağlanan kaynak Türkiye'de parasal genişlemeye, talep artışına, enflasyonun düşmemesine, yerel paranın değer kazanmasına ve böylece ithalat talebinin artmasına neden olmuştur (Uygur, 2001: 17). Kriz öncesi 25 Nisan 2000'de S&P Türkiye'nin notunu B+ 'ya yükseltmiş, kriz sonrası 5 Aralık 2000'de ise ülke notunu düşürmeden sadece not görünümünü "Durağan"dan" Negatif"e çevirmiştir (Akçayır, 2013: 44).

Türkiye Kasım 2000 krizinin etkilerinden kurtulmaya çalışırken, Şubat 2001'de döviz krizi ile karşı karşıya kalmıştır. Bankaların bilançolarında döviz cinsinden borçların, döviz cinsinden alacaklara oranla daha yüksek olması dikkat çekmiştir. Bankalar birbirine borç verirken çok yüksek gecelik faiz uygulamaya başlamıştır. Devlet ise iç borçlanma yolunu seçmiş ama piyasaya hakim olan güvensizlik ortamı nedeniyle, hazine bonolarına yüksek faizler vermek zorunda kalmıştır (Pusti, 2013: 65-66). İktisatçılar genel olarak, krizin içsel faktörlerden mi dışsal faktörlerden mi kaynaklandığını bulmak için iki unsura bakılmasını önerirler. Birincisi, uluslararası yatırımcıların risk alma eğilimine, ikincisi ise ülkenin kredi riskine(kredi notuna) bakmaktır. Türkiye'nin 2000 ve 2001 krizini yaşadığı dönemde ne yabancı yatırımcı sayısında ne de kredi notunda sert ve anormal bir düşüş yaşanmamıştır. S&P, 23 Şubat 2001'de Türkiye'nin kredi notunu B+'dan B'ye ve not görünümü "Negatif"e çekmiştir. 16 Nisan 2001'de bir kademe daha düşürerek kredi notunu B-'ye ve not görünümünü "Negatif"e indirmiştir. Kademeli olarak not indirimi kriz ortamında beklenen bir olgudur.

2001 krizi sonrasında Türkiye'de özel sektör daha çok dış borçlanma yolunu seçmiştir. Kur artışlarından dolayı da özel sektörün riski ciddi boyutlarda artmıştır. 2006 yılında sıcak paraya bağlı büyüme ve cari açık sorunu, ardından sıcak paranın geri çekilmesiyle yaşanan kriz 1994 ve 2001 krizinin benzeridir[33].

---

[33] http://eski.bianet.org/2006/06/22/81094.htm (02.02.2015).

Moody's 2006 yılı Mayıs ayında Türkiye'nin notunu Ba3'ten Ba1'e yükseltmiştir. Görüldüğü üzere özel sektörde oluşan risk KDK'ların notlarına yansımamıştır.

2. 2008 FİNANSAL KRİZİNİN DİNAMİKLERİ

21. yüzyılın ilk küresel çaplı krizi 2007 yılı sonuna doğru ABD'de ortaya çıkmış, sonrasında domino taşı etkisiyle diğer ülke ekonomilerini de etkilemiştir. Bu küresel krizi farklı kılan, önceki krizlerde rastlamadığımız finansal enstrümanlar içermesi olmuştur (Reinhart ve Rogoff, 2008: 341). Bu noktada 2008 finansal krizinin temel dinamikleri;

- Küreselleşmeyle birlikte paranın dolaşım hızının artması,
- Likidite bolluğu,
- Çok çeşitli karmaşık türev araçların yapılandırılması,
- Özensiz kullandırılan krediler,
- Asimetrik bilgi sorunu,
- Düzenleyici ve denetleyici kurumların değişen piyasa koşullarının hızına ayak uyduramaması,
- Kredi derecelendirme kuruluşlarının sistemik riskleri ölçmede yetersiz kalması şeklinde sıralanabilir.

Esnek kredi kuralları ve menkul kıymetleştirme ile kriz ortamına zemin hazırlayan finansal kuruluşlar, yetersiz yöntemlerle derecelendirme yapan derecelendirme kuruluşları, NINJA (No Income, No Job, No Asset) konut kredisi kullananlar ve değişen ortama uyum sağlamada geciken düzenleyici kuruluşlar Şekil 3'te de görüldüğü gibi küresel krizin baş aktörlerini oluşturmuşlardır.

Şekil 3. Küresel Krizin Baş Aktörleri

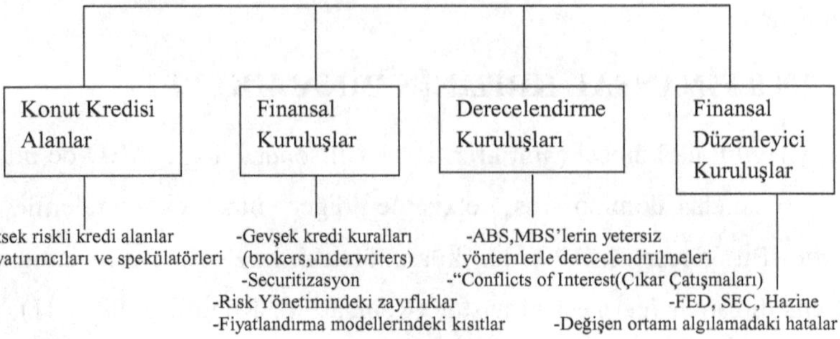

Kaynak: Aslan, 2008: 8.

2.1. ABD MORTGAGE SİSTEMİ VE 2008 FİNANSAL KRİZİN ÖZETİ

2008 finansal krizinin sinyalleri aslında 2000'li yıllarda oluşmaya başlamıştır. Çoğunlukla teknoloji hisselerinin işlem gördüğü NASDAQ [34] (National Association of Securities Dealers Automated Quotations) balonunun 2000 yılında patlamasının ardından, 11 Eylül 2001'deki saldırıdan etkilenen ekonomiye müdahale amaçlı ABD Merkez Bankası (Federal Reserve-FED)[35], 2001 yılında % 6,5 olan kısa vadeli faiz oranlarını 2003'te % 1'e kadar indirmiştir. Ucuz borçlanma yolunun açılmasıyla, tercihli faiz oranı (prime interest rate) ve değişken faizli ipotekli kredi kullanımına yönelen hane halkının borçluluk oranları beklenmedik bir şekilde artış göstermiştir. Ocak 2002'de % 1,14 olan enflasyon oranı da tarihindeki en düşük oranlardan biri olmuştur (Kutlu ve Demirci, 2011: 122). Düşük gelir grubuna uygun "subprime[36]" konut kredisi adı altındaki kredilerin, toplam konut kredisi içindeki payı giderek

[34]Nasdaq tezgah üstü piyasalarda işlem gören menkul kıymetler için alım-satım fiyatlarının gösterildiği otomatik bilgi ağı olarak New York'da kurulmuş olan özel borsadır. Dünya'nın teknoloji borsası olarak kabul edilir.

[35] FED(Federal Reserve), Amerika Birleşik Devletleri'nin merkez bankasıdır.1913 yılında daha güvenli, esnek ve istikrarlı para ve finans sistemi sağlamak için kurulmuştur.

[36] Yüksek risk faizli ipotek kredisi, eşik altı, alt gelir grubundaki geri ödeme gücü zayıf kredi geçmişi olumsuz olan kimselere verilen kredi adıdır.

artmıştır. 2003 yılında %8,5 olan bu oran, 2006 yılına gelindiğinde ise % 20,1'e yükselmiş, finansal sistemin barındırdığı risk derecesini de artırmıştır (Katı ve Özkeskin, 2012:1). Dönemin TCMB[37] Başkanı Durmuş Yılmaz'ın "Küresel Kriz, Yeniden Yapılanma ve Ulusal Dönüşüm" konulu forum İstanbul 2010 konuşmasında küresel krizin temel sebebini "*tüketicilerin sahip olmadıkları bir serveti harcaması*" olarak açıklamıştı(TCMB, Yılmaz, 2010: 2). NINJA (No Income, No Job, No Asset) konut kredisi kullananlar tam da bu ifadeyi karşılar niteliktedir. Hiçbir geliri, işi ve varlığı olmayan kişilere kullandırılan kredilerin geri ödemeleri konusunda sıkıntıların yaşanması çok şaşırtıcı olmamıştır.

ABD Merkez Bankası'nın uyguladığı düşük faizler sayesinde konut satın alma maliyeti düşmüş, konut fiyatları yükselmiş ve bu yükseliş daha yüksek getiri beklentisine neden olmuştur. İhtiyacın ötesinde konut alımını cazip hale getiren bu durum, piyasada balonun büyümesini tetiklemiştir. 1965-2008 yılları arasında ABD'de ev sahipliği oranı şekil 4'te gösterilmiş ve % 69,2'lik oranla 2004 yılı Eylül ayında en yüksek seviyeye ulaşmıştır.

Şekil 4. 1965-2008 Arası ABD'de Ev Sahipliği Oranı

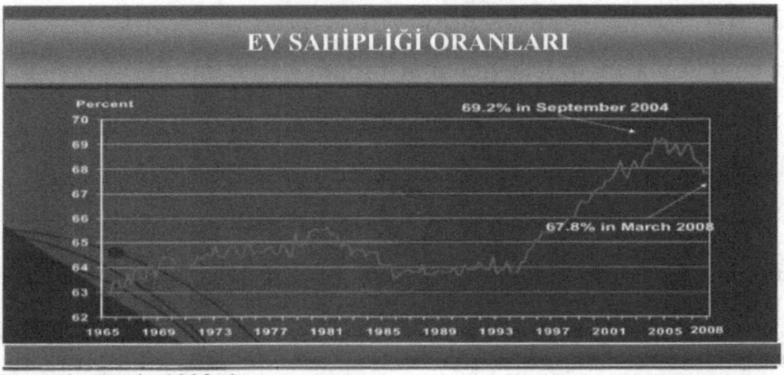

Kaynak: Barth, 2008: 3.

Özellikle düşük gelirli insanlar, kira öder gibi ev sahibi olabilmek adına, bankalara kredi için başvurmuş ve bankalar da satın alınan konutları gayrimenkul değerleme kuruluşları yardımıyla değerleyip teminat olarak

[37] TCMB(Türkiye Cumhuriyeti Merkez Bankası) 11 Haziran 1930 tarihinde kurulmuştur. Temel amacı, fiyat istikrarını sağlamaktır. Ayrıca finansal sistemde istikrarın sağlanması ve para ve döviz piyasaları ile ilgili düzenleyici tedbirleri almakla da görevlendirilmiştir.

almışlardır. Bu kesimin risk teşkil etmesindeki ana nedenler; ön ödeme yapacak birikimlerinin olmaması, yeterli gelirlerinin olmaması, kredi geçmişlerinin parlak olmaması ve gerekli incelemelere tabi tutulmadan kredi kullandırılmasıdır. Örneğin; FICO[38] skoru 640'ın altında olan subprime kredi kullanıcıları, son 12-24 ay içerisinde borçlarını vadesinde ödeyememiş ve son birkaç yıl içinde iflas riski taşıyan kişilerden oluşmuştur (Gorton, 2008: 2).

ABD'de mortgage kredilerinde "sabit faiz oranlı krediler" (Fixed- Rate Mortgages/FRMs) ve "esnek/değişken oranlı krediler" (Adjustable Rate Mortgages/ARMs) olmak üzere iki tür faiz uygulaması mevcuttur. Sabit faiz oranlı krediler(FRMs)'de uygulanan faiz oranı sabittir ve her ay eşit tutarlarda ödeme gerçekleştirilir. Piyasa faiz oranları düştüğünde borç alan yeniden daha düşük faizlerle borçlanarak borcunu kapatma imkanına da sahiptir (Dolun, 2007: 6). 2001 yılında mortgage kredilerinin % 84'ü, 30 yıl vadeli sabit faiz oranlı (FRMs) kredilerden oluşurken; bu oran 2006 yılı itibari ile % 55'lere kadar gerilemiştir. Değişken oranlı krediler ise eşit ödemelerden oluşmayan, faiz oranlarının LIBOR[39]ve Prime Rate[40] gibi değişken faiz oranlarına bağlı olduğu kredilerdir. Belirsizlikten dolayı içerdiği risk oranı da yüksektir. Genellikle düşük faiz oranlarıyla cazip hale gelen ve birkaç yıl sonra daha yüksek oranlarla ödeme planları yeniden ayarlanan değişken oranlı krediler (ARMs), konut sahibi olmak isteyen alt gelir grubuna da yeni bir umut olmuştur. Hybrid ARMs "2/28'ler" olarak bilinen değişken faizli mortgage kredi çeşidinde ilk iki yıl sabit ve genellikle düşük faizli, kalan yirmi sekiz yıl için daha yüksek, değişken faiz uygulanıyordu. ABD'deki mortgage krizinin oluşmasında, bu kredilerin başlangıç faiz oranına bağlı olarak kullandırılmasının etkisi büyüktür (Gruenberg, 2007: 12). 2006 yılında genel anlamda değişken faizli mortgage

[38] FICO, Fair Isaac & Company tarafından geliştirilen bir kredi skorudur. Skor aralığı 300-850 arasındadır. Yüksek skor, daha yüksek kredi geri ödeme şansına işarettir.

[39]LIBOR(London İnterbank Offered Rate), Londra'da bankalar arası borçlanmalarda kullanılan faiz oranıdır. Bu faiz oranı sadece Londra'daki bankalar tarafından kullanılmamakta,bir çok finansal işlemlerde referans faiz oranı olarak uygulanmaktadır. Faiz oranının belirlenmesinde 60'dan fazla ülkenin bankası sisteme dahildir.

[40] Prime Rate, temel fazi oranı ABD'de bankaların kredibilitesi yüksek işletmelere uyguladıkları faiz oranıdır.

kredilerinin payı da % 45'lere kadar yükselmiştir (Coşkun(a), 2010: 6). Düşük maliyetli kredi kullanımının artması, beraberinde ev fiyatlarında da artışa neden olmuştur. Yükselme trendi gösteren konut fiyatlarının yanı sıra bireyler geri ödeme sürecinde sıkıntıya girmiş, konut fiyatları ani düşüşe geçmiştir.

2013 Nobel Ekonomi Ödülü'ne[41] layık görülen ABD'li ekonomist Robert J. Shiller, varlık fiyatlarının amprik analizlerine dair çalışmasında, yatırımcıların irrasyonel kararlar verebildiğini, bu durumun hisselerden gayrimenkule kadar birçok varlıkta balona yol açtığını vurgulamıştır. 2006 yılında da ABD'de gayrimenkul fiyatlarında oluşan balonun krize neden olacağını öngörmüştü. Şekil 4'te yer alan Case-Shiller Konut Fiyat Endeksi'ne adını veren Robert Shiller, ABD'de konut fiyatlarının 2000 yılından 2006 yılına ikiye katlandığını bu endeksle göstermiştir.

Şekil 5.S&P/Case-Shiller Konut Fiyat Endeksi

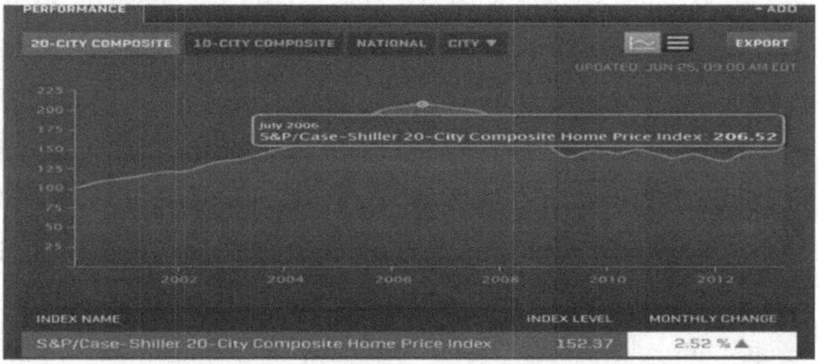

Kaynak: S&P/ Case-Shiller 20 Şehirden Oluşan Konut Fiyat Endeksi [42].

ABD konut piyasası S&P/Case-Shiller konut fiyatları endeksinden de gözlemlenebildiği gibi; 2005 yılında yükselme trendi göstermiş, endeks 2006

[41]Eugene F. Fama, Lars Peter Hansen ve Robert J. Shiller' adlı üç ekonomist varlık fiyatları analizlerine dair çalışmalarıyla Nobel Ödülüne layık görüldüler.

[42]http://www.spindices.com/indices/real-estate/sp-case-shiller-20-city-composite-home-price-index (19.07.2013). The S&P/Case-Shiller 20-City Composite Home Price Index:Karl Case, Robert Shiller ve Allan Weiss'den oluşan ekonomistler tarafından geliştirilen bu gösterge. ABD'de konut fiyatları hakkında bilgi vermektedir.Fiserv isimli bilgi yönetimi şirketi aracılığıyla yayınlanır.

yılı Temmuz ayında 206.52'lere kadar çıkmıştır. Piyasada oluşan bu balon yavaş yavaş sönmeye başlamış ve endeks 2008 yılı sonunda 150'leri görmüştür. Bankaların gerekli incelemeleri yapmaksızın kullandırdıkları, halk arasında NINJA (No Income, No Job, No Asset) olarak da adlandırılan bu krediler, çok hızlı bir şekilde artmıştır. Geri ödenme noktasında yaşanan aksaklıklar bankaların portföylerindeki hacizli konut sayısının istenmeyen bir şekilde artışına neden olmuştur. Bu konutların çeşitli şekillerde tekrardan piyasaya arz edilmesi ise, endekste de rahatlıkla görülebildiği gibi, konut fiyatlarında düşüş yaratmıştır.

2.2. GLASS-STEAGALL (BANKING ACT OF 1933) YASASININ YÜRÜRLÜKTEN KALDIRILMASI

20. yüzyılın başlarında bankacılar ve aracı kuruluşlar arasında ayrım yapmak oldukça zordu. 1929 Büyük Buhran sonrası "ticari" ve "yatırım" banka sektörlerinin yapısı kongrelerde incelemeye alınmış ve yapılan oturumlar sonucunda bazı bankaların menkul kıymet ticaretinde suiistimaller yaşandığı ortaya koyulmuştur. 1933 yılında ABD'de Carter Glass ve Henry Steagall tarafından önerilen ticari ve yatırım bankası ayrımını hedefleyen Glass-Steagall Yasası kabul edilmiştir. Bu yasa ile bankalar sadece kredi veren bir kuruluş veya bir aracı kuruluş olma arasında seçim yapmaya zorlanmıştır. Amerikan bankacılık sisteminin çöküşüne önlem olarak bilinen bu yasa ile banka mevduatlarını sigortalayacak Federal Mevduat Sigorta Kurumu [43] (Federal Deposit Insurance Company- FDIC) kurulmuştur[44].

Ticari bankalar, mevduat toplar, kredi verir, teminat mektubu, çekli hesap açma gibi hizmetler sunar. Temel fonksiyonları halktan mevduat adı altında topladığı kaynağı, iş hayatının istifadesine sunmaktır. Hizmet alanları geniş olsa

---

[43] FDIC(Federal Deposit Insurance Corporation-Federal Mevduat Sigorta Kurumu)'in amacı Amerikan finans sistemine yönelik kamu güvenini sağlamak ve korumaktır. Büyük Buhran sırasında çok sayıda bankanın batması sonucu 1933'te Glass-Steagall Kanunu ile kurulmuştur. Türkiye'de TMSF(Tasarruf Mevduatı Sigorta Fonu)'nin karşılığı olan kurumdur.

[44] http://www.riskonomi.com/wp/?p=1145 (24.10.2014).

da sınırları belirlidir. Yatırım bankası ise mevduat toplamaz ama kredi verir. Kredi dışında büyük hacimlerde ticaret yapar, yatırım aracı alım satımı ve halka arz işlemi gerçekleştirir. Glass- Steagall Yasası ile ticari bankacılık ve yatırım bankacılığının ayrı tutulması sağlanmıştır. ABD'de zamanla sermaye piyasasının gelişmesine paralel olarak yatırım bankacılığının da faaliyet alanı artmış, ticari bankacılığın faaliyet alanı ise sınırlı kalmıştır. O dönemde Glass-Steagall Yasası'nın ABD bankalarının küresel piyasalardaki etkinliğini olumsuz yönde etkilediğini savunanlar olmuştur. 1960'lara gelindiğinde kısıtlamalar kademeli olarak esnetilmeye başlanmıştır. Önce ticari bankaların tahvil halka arzlarına aracılık etmesine, 1970'lerde ise ipoteğe dayalı menkul kıymet ihracına ve bu faaliyetlere aracılık etmesine izin verilmiştir (TSPAKB, 2013: 8). 1999 yılında Gramm-Liech-Billey Yasası ile de Glass-Steagall yasasına son verilmiştir. Bu yasanın iptaliyle ticari bankalar yatırım bankalarının geleneksel işlerine, faaliyet alanlarına girmiştir. Buna karşılık yatırım bankaları da, rekabet gücü kazanmak için türev ürünler gibi yenilikler yaratmak zorunda kalmışlardır. Kar elde etmek isterlerken, gerekli denetim mekanizması oluşturulmadığı için borç-sermaye oranları yükselmiştir. Yatırım bankalarının bu tavrı Glass-Steagall Yasası'nın iptalinin kasıtsız sonucu olsa da 2008 finansal krizin altyapısını hazırladığı bir çok yazar tarafından iddia edilmiştir (Adalet, 2009: 1-2). Glass Steagall Yasası'nın izlerine 2010 yılında yürürlüğe giren Dodd Frank Yasası'nda da rastlanmaktadır.

2.3. MENKUL KIYMETLEŞTİRME VE TÜREV ÜRÜNLER

Varlığa Dayalı Menkul Kıymetler veya Menkul Kıymetleştirme, likit olmayan aktiflerin ihraç edilebilecek ve sermaye piyasalarında alım satımı yapılabilecek menkul kıymete dönüştürülmesidir. Bu kapsamdaki aktifler arasında ikametgah amaçlı ipotekler, kredi kartı alacakları, otomobil kredileri ve kira alacakları yer almaktadır (Erdönmez, 2006: 75).

Varlığa dayalı menkul kıymetler, 2008 Finansal Krizi'nin temel nedenlerinden birisini oluşturmaktadır. Özellikle kriz üzerinde İpoteğe Dayalı Menkul Kıymetler (İDMK) ve onlara dayalı türev araçların (MBS-Mortgage-Backed Securities ve CDO Collateralized Debt Obligations) etkisinin büyük olduğu bilinmektedir. Bankaların ihraç ettiği bu menkul kıymetleri elinde bulunduran kişiler de yaşanan krizden nasibini almıştır. Ayrıca tanınmış sigorta şirketleri bu türev araçları sigortalayarak(CDS-Credit Default Swap) olayın paydaşlarını ve etkilerini yaygınlaştırmışlardır. Bunlara kredi kullananların geri ödemelerini yerine getirememeleri eklenince krizin patlak vermesi kaçınılmaz olmuştur. Bankaların ipotek altına almış oldukları evleri satışa çıkarmaya başlamasıyla piyasada ipotekli malın haczi (foreclosure) olarak adlandırılan evlerin sayısında artış yaşanmıştır. Şekil 6'da 2000 ve 2012 yılları arasında ABD'de ipotekli ev oranlarındaki değişim gösterilmektedir.

Şekil 6. ABD'de İpotekli Ev Oranı

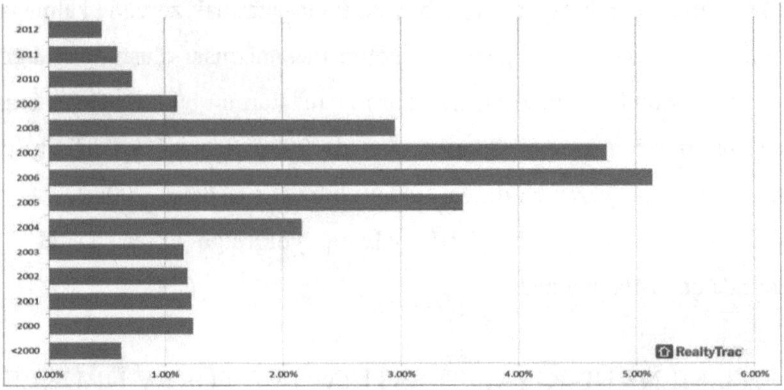

Kaynak: http://www.forbes.com/sites/darenblomquist/2013/02/18/have-all-the-bad-loans-been-foreclosed/ (25.09.2013).

Piyasada oluşan likidite bolluğuna bağlı olarak yüksek değere sahip olan bu evler; subprime kredi borçluları borçlarını geri ödeyemeyince, ipotekli malın haczi kuralına göre değerinden daha düşük fiyatlarda bile müşteri bulamamıştır. Böylece krizin bir diğer aktörü olan kredi derecelendirme kuruluşlarının yapmış olduğu değerleme balonunun iç yüzü ortaya çıkmıştır.

Bankalar kullandırdıkları emlak kredilerini, vadesi dolana kadar bilançolarında gösteriyorlardı. Kredi kullandıran kurumlar, riskli veya daha az riskli farklı cinsten borçlarla (mortgage kredisi, kredi kartı alacakları, araba kredileri gibi) bir havuz oluşturarak ikincil piyasada satışa sunmaya başlamasıyla bankalar da menkul kıymetleştirme (securitisation) yoluyla kredi riskini devretme şansı bulmuştur. Bankalar böylece elde ettikleri gelirle de yeni kredi talepleri için kaynak yaratmışlardır. Bu sistemin işleyişinde ABD'nin devlet destekli teşebbüsleri Fannie Mae ve Freddie Mac[45], kredi kuruluşlarından ipotekleri satın alarak menkul kıymetleştirme açısından anahtar kurumlar haline gelmişlerdir. Konut finansmanı için piyasada likidite artırmayı amaçlayan bu kuruluşlar, mortgage kredilerinin geri ödenmemesi nedeniyle alacaklarını tahsil edememiş ve kötü gidişat fark edilir edilmez Eylül 2008'de devlet tarafından devralınmıştır (Yılmaz, 2011: 41). Ayrıca Lehman Brothers, Bear Sterns, Wells Fargo, Countrywide Special gibi Wall Street merkezli yatırım bankaları da menkul kıymetleştirme sürecinde aktif rol oynamışlardır.

Türev ürünlerin ekonomik performansının konusu olan varlığın, kredi performansına bağlı hareket ediyor olması, geri ödenme sürecinde yaşanan aksaklıkların dalga dalga yayılmasına neden olmuştur. Başlıca kredi türevleri;

✓ Kredi Temerrüt Takası (Credit Default Swap–CDS)

✓ Teminatlandırılmış Borç Yükümlülükleri (Collateralized Debt Obligations–CDO)

✓ Teminatlandırılmış Mortgage Yükümlülükleri (Collateralized Mortgage Obligations–CMO)

✓ Varlığa Dayalı Menkul Kıymetler (Asset Backed Securities–ABS)

✓ Mortgage'a Dayalı Menkul Kıymetler (Mortgage Backed Securities–MBS)'dir (Vardareri ve Dursun, 2009: 12). Bu ürünlerin kullanıcıları genellikle bankalar ve sigorta şirketleridir.

---

[45]Fannie Mae-Federal Ulusal İpotek Birliği (Federal National Mortgage Association) ,Freddie Mac-Federal Ev Kredisi İpotek Kurumu (Federal Home Loan Mortgage Corporation).ABD'nin devlet destekli teşebbüslerindendir. Görevleri konut finansman piyasasında likiditeyi artırmaktır. Bu amaçla, kredi kuruluşlarından ipotekleri satın alıp menkulleştirerek piyasada satmaktadır.

2008 krizine en fazla konu olanlar CDS ve CDO'lardır. CDS'ler bir referans kurumun ihraç ettiği varlıkların temerrüde düşme riskini, sözleşme süresince düzenli prim ödemeleri karşılığında diğer tarafa transfer ettiği iki taraflı finansal sözleşmelerdir (Brandon ve Fernandez, 2004:7). Söz konusu varlık bilançodan çıkarılmadan kredi riskinin el değiştirmesi sağlanır. Bu sebeple en çok tercih edilen kredi türevidir. Riske karşı ihraç edilen CDS'ler sayesinde firmalar, düşük prim karşılığında kendilerini geri ödememe riski ve buna benzer spesifik risklere karşı sigortalıyorlardı. CDS ihraç edenler ise düşük primlerden memnundular; ödemek zorunda kalma ihtimalinin, sorun yaratabilecek kadar önemli olmayacağını varsayıyorlardı. Kredi türevleri arasında pastadaki en büyük payı alanlar da kredi temerrüt takası CDS'lerdir. BIS [46] (Bank for International Settlements-Uluslararası Ödemeler Bankası) verilerine göre 2005 yılsonu itibariyle 14 trilyon dolar olan CDS hacmi, 2007 Haziran sonunda 43 trilyon dolara kadar yükselmiştir (Crouhy ve Turnbull, 2008: 6).

Diğer kredi türevleri olan CDO ve CMO arasındaki temel farka bakacak olursak; teminatlandırılmış borç yükümlülükleri (CDO), teminatlandırılmış mortgage yükümlülüklerinden(CMO) farklı olarak sadece ipotekli kredilere ve ipoteğe dayalı menkul kıymetlere değil, diğer varlıklara dayalı olarak da ihraç edilebilirler. Örneğin bir CDO; krediler, tahviller, mortgage kredileri, tüketici kredileri, kredi kartları gibi varlıkların bir arada olduğu bir türev ürün olarak karşımıza çıkabilir. Kısacası CMO, CDO'nun alt kümesi gibi düşünülebilir. CDO'larda kredi riskinin dağıtılmasına yardımcı olmakla beraber, kredi veren kuruluşlar açısından yeni kazançlar elde etme imkanı da sağlar. 2008 Ocak ayında CDO piyasasında toplam ihraç bedeli 11,7 trilyon dolar olarak tespit edilmiştir (Demir, Ermişoğlu, Karabıyık ve Küçük: 2008: 55). Mortgage

[46]BIS (Bank for International Settlements-Uluslararası Ödemeler Bankası) 17 Mayıs 1930 yılında kurulmuştur. Dünyanın en eski finansal örgütüdür. Merkez ofisi İsviçre'nin Basel şehrinde olan BIS, rezervlerin yönetimi konusunda merkez bankaları arasındaki uyumu sağlamak ve ilgili bankalar arasındaki para transferlerinde aracılık yapmak gibi işvleri bulunan uluslararası finans kuruluşudur.

piyasasında yaşanan olumsuzluklar sonucu ortaya çıkan CDO piyasasının bir balon gibi patlaması da kaçınılmaz olmuştur.

2008 krizine konu olan menkul kıymetleştirme uygulamalarının ve türev ürünlerin 2000 yılından günümüze kadar ABD ve Avrupa'daki trendi aşağıdaki tablodaki gibidir.

Tablo 9. ABD ve Avrupa'da Menkul Kıymetleştirme Uygulamaları (Milyar Euro)

Yıllar	**ABD**	**Avrupa**	**Toplam**
2000	1,088	78.2	1,166.2
2001	2,308.4	152.6	2,461
2002	2,592.7	157.7	2,750.4
2003	2,914.5	217.3	3,131.8
2004	1,956.6	243.5	2,200.1
2005	2,650.6	327	2,977.6
2006	2,455.8	481	2,936.8
2007	2,147.1	593.6	2,740.7
2008	***933.6***	***819.2***	1,752.8
2009	1,358.9	423.8	1,782.7
2010	1,276.7	379.1	1,655.8
2011	1,013.7	375.9	1,389.6
2012	1,550.2	252.7	1,802.9
2013	1.484.9	180.2	1.665.1
2014/9	753.3	154.8	908.1

Kaynak: Afme, 2014: 4 [47]

[47] http://www.sifma.org/research/item.aspx?id=8589952453 (24.12.2014)

Özellikle ABD ekonomisinin 2000 yılından Lehman Brother'in batışına(2008) kadar geçen sürede, menkul kıymetleştirme uygulamalarının iki katına kadar çıktığı ve ardından kriz ortamıyla beraber sert bir düşüşün yaşandığı Tablo 9'dan da net olarak izlenebilir. Avrupa'da ise aksine menkul kıymetleştirme uygulamalarının, krizin yaşandığı 2008 yılında en yüksek seviyesine ulaşması dikkat çekicidir. Özellikle yılın son çeyreğinde yaşanan artışa bağlı olarak yapılandırılmış finansal ürünlerin payı incelendiğinde en yüksek orana RMBS(Residential Mortgage Backed Securities-Mortgage'a Dayalı Menkul Kıymetler)'nin sahip olduğu gözlemlenmiştir. Toplamda da 585.5 Milyar Euro ile en yüksek paya sahip olan RMBS, 2008 son çeyreğindeki payı 307.1 Milyar Euro'dur. Avrupa ülkelerinde en yüksek paya sahip olan ülke ise İngiltere'dir (SIFMA, 2008: 1-4). Bu yükselişin nedenleri yeni araştırmaların konusunu oluşturabilecektir.

2.4. DÜZENLEYİCİ KURULUŞLAR (FED, SEC, Hazine)

Birincil görevi ekonomide fiyat istikrarını sağlamak olan merkez bankaları, piyasalarda oluşan balonları engellemekle fazla ilgilenmezler. Müdahaleleri balonun patlayarak ekonomiyi tehdit etmeleri anında olur (Merih, 2011: 3). Bilinen tüm bunların aksine; özellikle ekonomiye müdahale amaçlı ABD Merkez Bankası'nın izlediği düşük faiz politikası umulmadık etkilere neden olmuş ve oluşan balonun şişirilmesine katkıda bulunmuştur. Öncelikle ABD'de olmak üzere, pek çok düzenleyici ve denetleyici kuruluş krizin sinyal verdiği o dönemlerde durumun ciddiyetini tam olarak kavrayamamış ve önlem almakta geç kalmışlardır. Dönemin FED başkanı Ben Bernanke'nin Mayıs 2007 tarihinde yaptığı bir açıklamasında "Konut piyasasındaki sıkıntıların ekonominin geri kalanına veya finansal sisteme ciddi yayılımını beklemiyoruz" ifadesinde bulunurken; yaşanan sıkıntılar, ne yazık ki kısa sürede başka ülkelerde de etkisini göstermiş küresel boyutta bir finansal krize dönüşmüştür.

2007 yılında yüksek riskli mortgage kredilerinin menkul kıymetleştirilerek satışını önlemek isteyen pek çok ABD eyaleti olmasına rağmen, ABD Hazinesi bu duruma bazı büyük bankaların talepleri doğrultusunda engel olmuştur. Menkul kıymetleştirme satışına müdahalede bulunmanın federal yasaları çiğnemek olduğunu da gerekçe olarak göstermiştir. ABD Bankacılık ve Bütçe Komitesi (Banking Committe and Budget Committe) üyelerinin bazı politikacılar ve Countrywide Financial gibi konut piyasasındaki şirketlerle yasal olmayan ilişkilere girdikleri tespit edilmiştir (Aslan, 2008: 17-18). Finansal Düzenleyici Kuruluşlar olarak adlandırdığımız bu kuruluşların piyasayı ne kadar düzenledikleri akıllarda soru işareti oluşturmuştur.

ABD Merkez Bankası (FED), Amerika Sermaye Piyasası Kurulu (SEC), ABD Hazinesi vb. düzenleyici ve denetleyici kuruluşların politikalarındaki tutarsızlık, bu kuruluşların krizin aktörleri arasında yer almalarına neden olmuştur.

2.5. KREDİ DERECELENDİRME KURULUŞLARI

Krizin temelini oluşturan konut piyasası ürünlerinin menkul kıymetleştirildikten sonra derecelendirilmesindeki sorumluluk kredi derecelendirme kuruluşlarına aittir. Yalnızca "derecelendirilmiş" ürünlere yatırım yapmak zorunda olan bazı kurumsal yatırımcılar için ise bu kuruluşların önemi daha da artmıştır. Donanımsız yatırımcılar kredi derecelendirme kuruluşlarının vermiş olduğu bu notları sorgulamadan temel gösterge olarak almışlardır. Temelde kredi derecelendirme kuruluşlarının yetersiz kalması ve üzerine düşen görevleri yerine getirmemesi, sırasıyla bütün piyasa kullanıcılarını olumsuz etkilemiştir. Uyguladıkları yöntem ve temel metodolojilerine ilişkin bilgileri şeffaflık ilkesi çerçevesinde paylaşmamaları ise krizin aktörleri olan kredi derecelendirme kuruluşlarına güvenin sorgulanmasına neden olmuştur.

Sertifiikalı Finansal Analistler (Chartered Financial Analysts)[48] tarafından 2012 yılında yapılan ankete göre dünyanın en büyük kredi derecelendirme kuruluşlarının (S&P, Moddy's, Fitch, Dominion Bond Rating Service-DBRS) küresel krizde kilit rolü üstlendikleri sonucuna ulaşılmıştır. E-mail yoluyla yapılan ankete göre katılımcıların % 71'i Moody's, Standard & Poor's, Fitch ve DBRS'nin yaşanan krizlere katkısının olduğunu belirtmiştir. Cevap verenlerin % 30'u KDK'ların güvenilirliklerinin zayıf olduğunu söylerken, buna karşılık katılımcıların % 24'ü ise güvenilir olduklarını söylemişlerdir (Johnson, 2012)[49]. Bu ankete ihtiyaç duyulması bile KDK'lar için bir güven problemi yaşandığının ve bu durumun sorgulanması gerektiğinin göstergesi olmuştur.

Kitabımızda odaklanacağımız husus KDK'ların kriz dönemindeki tutumları olduğu için bu maddeyi ayrı bir başlık altında daha ayrıntılı biçimde aşağıda değerlendireceğiz.

3. KREDİ DERECELENDİRME KURULUŞLARININ KRİZDEKİ ROLÜ

MBS-Mortgage'a Dayalı Menkul Kıymetler ve CDO-Teminatlandırılmış Borç Yükümlülükleri gibi yapılandırılmış finansal ürünlerin karmaşıklığının yanı sıra, bu ürünlere ilişkin derecelendirme talebinin 2004 ve 2006 yılları arasında hızlı bir şekilde artması, yaşanan krize kredi derecelendirme kuruluşlarının da dahil olmasına neden olmuştur. Derecelendirme uzmanlarına duyulan ihtiyaç piyasayla birlikte şekillenmiştir. Çoğu yatırımcının karmaşık yapıdaki ürünleri inceleyecek ve değerlendirecek yeteneği olmadığı için, genel kabul görmüş kredi derecelendirme kuruluşlarının derecelendirmelerini göz önünde bulundurmuşlardır. Böylesi karmaşık şartlar belirsizliği, belirsizlikler de riski doğurmuştur. O dönemde ev kredilerinin menkul kıymetleştirilmesi asimetrik bilgi sorununu ortaya çıkarmıştır. İlk krediyi kullandıran riski bilirken,

[48]Chartered Financial Analysts: Mali analistler yeterliliğini ölçen ve CFA enstitüsü tarafından verilen uluslararası tanınmış, saygın bir ünvandır.
[49]http://m.theglobeandmail.com/globe-investor/credit-agencies-lack-credibility-after-role-in-crisis survey/article2252480/?service=mobile (25.12.2014).

kredi sözleşmesini sattığı kurum riski net olarak bilememekte veya ölçememektedir. Oluşturulan kredi havuzlarının karmaşık yapılarıyla devredilmesi, riskin boyutunun da gizlenmesine neden olmuştur. Kredi derecelendirme kuruluşlarına güvenmeleri de bu yüzdendir. Çünkü söz konusu ürünler, teminat yapısı ve içerikleri bakımından çok az şeffaflık sunmaktaydı. Yatırımcıların bu karmaşık yapıyı ve oluşturulan kredi havuzlarını anlayabilmesi için yeterli teknik yeterliliği ve zamanları yoktu. Ayrıca kredi derecelendirme kuruluşlarının risk ölçümünde uzman oldukları yönünde 150 yıllık süregelen bir itibarları vardı (Şimşek, 2009: 118). Fakat kredi derecelendirme kuruluşları derecelendirme sırasında gereken hassasiyeti göstermemiş, söz konusu menkul kıymetleri alanlar hakkında gerekli incelemeleri yapmayıp, ipotekli konut kredisi tahsis eden kuruluşların değerlendirmesini yeterli varsaymıştır. Bu ürünlere teminatlandırılmış borç yükümlülüklerinin çoğunda ödenme sıkıntısının yaşanmaması nedeniyle yüksek notlar verilmiştir. Geriye dönüp baktığımızda yapılandırılmış finans balonunun, kredi derecelendirme kuruluşlarınca verilen yüksek notlarla patlama noktasına geldiği görülmektedir. Lehman Brothers'ın çöküşünden sadece bir ay önceki notunun A olması bunun bir kanıtıdır. Daha da kötüsü; düşük gelir grubuna yüksek faizle verilen mortgage kredisine dayalı binlerce türev ürünlerini, kredi derecelendirme kuruluşlarının AAA olarak notlandırmasıdır. Ardından ani not indirimleri sonucunda çok sayıda yatırımcı paralarını fonlardan çekmek istemiş, artan taleple yatırım araçlarının fiyatları düşüşe geçerek değersiz hale gelmiş, bu sebeple ürünleri nakde çevirmek de güçleşmiştir. Şirketler paralarını fonlardan çekmek isteyen yatırımcılara ödeme yapacak para bulamamış, fonlar dondurulmuştur. Lehman Brothers ve Washington Mutual [50] gibi bu ürünlere yoğun bir şekilde yatırım yapan kuruluşlar, milyarlar kaybederek başarısızlığa imza atmışlardır (Schapiro, 2010: 4).

---

[50] Washington Mutual(Wamu), 2008 Eylül ayına kadar ABD'nin en büyük mevduat bankasıydı.Kriz döneminde ABD'nin Tasarruf Mevduatı Sigorta Fonu (FDIC) tarafından el konulmuş ve varlıkları JPMorgan Chase tarafından devralınmıştır.

Kredi derecelendirme kuruluşları değişen piyasa koşullarına zamanında tepki vermekte başarısız olmakla kalmayıp, bu piyasa koşullarının oluşumunda da merkezi rol oynamışlardır. Kredi derecelendirme kuruluşları, karmaşık yapıdaki türev ürünlere gereğinden yüksek notlar vermeleriyle, söz konusu ürünlerin riskini yeterince dikkate almamalarıyla, kredibilitenin kötüye gittiği zamanlarda not indiriminde geç kalarak krizin kötüleşmesine ön ayak olmalarıyla sık sık eleştirilmişlerdir. Ayrıca şeffaflığın eksikliği, derecelendirme kuruluşları arasındaki rekabet eksikliği ve çıkar çatışması da kriz öncesinde ipoteğe dayalı menkul kıymetlerin aşırı notlandırılmasına katkıda bulunmuştur (Bahena, 2010: 9).

3.1. KREDİ DERECELENDİRME KURULUŞLARININ GÜVENİLİRLİKLERİNİN SORGULANMASINA NEDEN OLAN OLAYLAR

Kredi derecelendirme kuruluşları, yapmış oldukları yanlış derecelendirmeler sonucunda güvenilirlikleri konusunda sürekli sorgulanmışlardır. Kredi derecelendirme kuruluşlarının adının karıştığı birçok şirket ve ülke olaylarına kısaca değineceğiz.

3.1.1. Ülkeler Bazındaki Olaylar

Uluslararası kredi derecelendirme kuruluşları finans dünyasının gözü kulağı olarak bilinirken, son on yıldır ise beyine yanlış sinyal gönderdikleri tartışılmaktadır. Ülkeler bazında yaşanan olayların örneklerine Kredi Derecelendirme Kuruluşlarının Dezavantajları başlığı altında yer vermiştik. Üç büyük kredi derecelendirme kuruluşunun özellikle içerisinde yüksek riskli konut kredilerinin de bulunduğu CDO'lara yüksek notlar vermesi, ne yazık ki kendi çıkarları yönünde hareket ettiklerini gösteriyor. Yapılan eleştiriler sonucunda ani not indirimlerine giden kuruluşların eleştirilere verdiği cevaplar ise yeni eleştirilere yol açıyor. Moodys'in ABN Amro tarafından ihraç edilmiş olan tahvillere AAA notu vermesi, bu notun uygunsuz olmasının ortaya çıkmasıyla yaptığı açıklama şöyle olmuştur ;"*Bilgisayar sistemimize giren bir virüs sebebiyle, notu aslında düşük olan yatırım araçları yatırım yapılabilir seviyede notlandırılmış oldu.*"(Şahin, 2011: 2) [51].

Özellikle kriz döneminde gerçekçi notlar vermedikleri konusunda eleştirilen ve bu sebeple incelemelerin yapılması için toplanan ABD Finansal Kriz Soruşturma Komitesi'nde [52] Moody's'in eski analisti Mark Froeba inanılmaz açıklamalarda bulunmuştur. Mark Frobea "Çalışanlara taleplerin yerine getirilmemesi halinde yeni iş aramaları söyleniyordu. Bize olumlu rapor yazmamız için baskı yaptılar. Baskıya direnenlerin işten atılacağı söylenirken, iyi not verenlere yüksek ikramiye ödeneceği vaat edildi. Piyasalarda balon oluştuğu zaman, Moody's bilerek 'doğruluk' ilkesinden ayrıldı. İyi not verme baskısına uymayan analistler tehdit edildi. Yeni kurala uyanların ödüllendirileceği, uymayanların ise cezalandırılacağı belirtildi. Olumlu rapor yazanların, terfi, yüksek bonus ve maaş alacakları söylendi" demiştir (The Financial Crisis Inquiry Commission Report, 2011: 208).

Kredi derecelendirme kuruluşlarının verdiği notlara göre şekillenen bir piyasada, not kararlarının belirli çıkarlar doğrultusunda önceden piyasaya sızdırılması bir başka skandal konusu olmuştur. 5 Ekim 2010'da Türkiye'nin not görünümünü durağandan pozitife yükselten Moody's'in bir çalışanı tarafından bu kararın herhangi bir açıklama yapılmadan piyasaya sızdırıldığı belirlenmiştir. Not kararının kamuoyuna açıklanmadan önce İMKB [53] 'de yukarı yönlü

---

[51] http://www.turkishny.com/headline-news/2-headline-news/63002-hicbir-krizi-ongoremediler-imdi-felaket-tellall-yapyorlar (20.10.2013).

[52] United States of America Financial Crisis Inquiry Commission, 2008 Finansal Krizi'nin nedenlerini değerlendirmek amacıyla 2009 yılı Mayıs ayında oluşturulmuştur. Finansal Kriz Soruşturma Raporu 13 Şubat 2011 tarihinde kamuoyuna sunulmuştur.

[53] İMKB-İstanbul Menkul Kıymetler Borsası, 26 Aralık 1985 yılında kurulmuş ve 2013 yılında ismi Borsa İstanbul(BİST) olarak değiştirilmiştir. Misyonu, sermaye piyasası araçlarına yatırım ve likidite imkanı sağlamak ve sağlıklı fiyat oluşumunu temin etmek üzere şeffaf, etkin, güvenilir, kolay erişilebilir piyasalar oluşturmak, işletmek ve geliştirmek; bu piyasaları ihraççı, yatırımcı ve aracılar ile diğer paydaşların hizmetine sunarak ekonomik büyümenin finansmanına destek olmaktır.

hareketlerin olması da bu bilginin bazı piyasa oyuncularına ulaşıp ulaşmadığının sorgulanmasına neden olmuştur. 1 Ekim tarihinde 64.882 puandan kapanan İMKB 100 Endeksi, not açıklanmadan bir gün öncesinde ise 65.414 puana ulaşmıştır. Kararın açıkladığı günü 66.283 puandan tamamlayan İMKB, 6 Ekim'de 66.879 puana çıkmıştır. Böylece İMKB'de 3 günde yaşanan değer artışı 3.07 olarak gerçekleşmiştir. Moody's çalışanının bankacılarla yaptığı telefon konuşma kayıtları Hazine Müsteşarlığı'na gönderilince, olaylar gün yüzüne çıkmış Moody's yetkilileri apar topar Ankara'ya çağırılmıştır. Sonuç olarak köstebeklik yapan o çalışanın işine son verilmiştir [54].

KDK'ların ülkeler için hazırladıkları raporu kamuoyuna sunmadan önce, konusu geçen ülkenin ekonomi birimlerine gönderip, verilere ilişkin itirazlar varsa değerlendirmeye almaları gerekmektedir. Bir başka skandal ise 2012 yılında S&P'nin Türkiye'nin not kararını kamuoyuna açıklamadan önce ilgili birimlere raporu göndermemeleriyle yaşanmıştır. Merkez Bankası ve BDDK yetkilileri raporun hazırlanış sürecinden ve tamamlanmasından haberdar edilmediklerini ve rapor için kendilerinden veri istenmediğini bildirmişlerdir. Hatalı değerlendirmede bulunulduğu da tespit edilmiş gerekli açıklamanın yapılması istenmiştir. S&P yetkilileri olayın "analistin yeni olmasından kaynaklandığını" belirtmiş, S&P'nin bu olay karşısından yaptığı açıklama kuruma olan güveni bir kez daha sarsmıştır [55]. O dönemde S&P ile Başbakan arasında da polemik yaşanmış ve Başbakan S&P'yi bir kredi derecelendirme kuruluşu olarak tanımadığını belirten bir konuşma yapmıştır. Maliye Bakanı Mehmet Şimşek "*Çok geriden gelen, yani 9 ay önceki birtakım sorunlara takılmış bir rapor*" ve kararın S&P'ye hiç yakışmayan çok ciddi maddi hatalarla dolu olduğunu ifade etmiştir. S&P'nin Global Operasyonlar direktörü Paul Coughlin ise yanıt vermekte gecikmemiş ve "*Fransa reyting anlaşmasından 2000 yılında geri çekildi. Fransa'yı halen derecelendirmeye devam ediyoruz,*

[54]http://www.kanalahaber.com/haber/ekonomi/finans-dunyasinda-buyuk-skandal-62270/(01.11.2013).
[55]http://ekonomi.haberturk.com/finans-borsa/haber/740766-iste-skandal-poorsun-kabahatinden-buyuk-ozru (01.11.2013).

Türkiye de anlaşmasını iptal ederse onu da derecelendirmeye devam ederiz. Çünkü finansal piyasalar için büyük bir oyuncu ve müşterilerimiz için önemli olduğunu düşünüyoruz" açıklamasında bulunmuştur. Nitekim 2013 yılı için Hazine sadece Fitch ve Moody's ile sözleşme imzaladığını, S&P ile ise anlaşmanın yenilenmediğini açıklamıştır. Buna rağmen S&P yaptığı açıklama doğrultusunda, Türkiye'nin notunun "talep edilmemiş" (unsolicited) derecelendirme temelinde derecelendirmeye devam etmektedir. Talep etmedikleri halde derecelendirilen ülkeler arasında ABD ve İngiltere'de yer almaktadır [56].

Kredi derecelendirme kuruluşlarının gecikmeli tepkilerde bulunması işlevsellikleri konusunda yeni tartışmalar yaratmıştır. Özellikle kriz döneminde KDK'ların verdiği gecikmeli notlar yada ekonomik gelişmelere bağlı ani not indirimleri çalışmalara konu olmuştur. Ferri, Liu ve Stinglitz'in 1999 yılında ve Mora'nın 2006 yılında yaptıkları çalışmalarında ülke notlarının ekonomik gelişmelere geç tepkide bulunduğu belirtilmiştir. Bu sebeple kredi derecelendirme kuruluşları piyasayı yönlendiren değil, piyasanın onları yönlendirdiği kuruluşlar halini aldıkları konusunda eleştirilmişlerdir. Ayrıca piyasayı geriden takip ediyor olmaları ve bu yüzden ekonomik sıkıntı içinde bulunan ülkelerin notlarındaki ani indiriminde bulunmaları sistemik açıdan KDK'ların krizi derinleştirdiği algısını oluşturmuştur (Karagöl ve Mıhçıokur, 2012: 21).

ABD yönetimi, 2008-2010 kriz yılları arasında, mortgage varlıklarına yüksek notlar vererek riskleri görmezden gelip, kazançlarına odaklanmaları gerekçesiyle S&P'nin bağlı olduğu McGraw- Hill'edava açmıştır. Benzer bir şekilde İtalya hükümeti, S&P ve Fitch'i 2011-2012 yıllarında ülkenin notlarını kırarak piyasaları manipüle etme suçuyla mahkemeye başvurmuştur.

---

[56] http://www.cnnturk.com/2013/ekonomi/genel/01/14/s.p.anlasma.bitse.de.turkiyeyi.degerlendirecek/692585.0/ (02.11.2013).

3.1.2. Şirketler Bazındaki Olaylar

Kredi Derecelendirme Kuruluşları'nın güvenilirliklerinin sorgulanması yüksek notlar verdikleri şirketlerin kısa bir süre sonra iflas ettiklerini açıklamalarıyla başlamıştır. Üzerine düşen görevleri tam ve doğru bir şekilde yerine getirmedikleri konusunda eleştirilen KDK'ların yaşanan Enron, Worldcom, Parmalat ve Lehman Brothers gibi şirket olaylarındaki tutumları değerlendirilmektedir.

3.1.2.1. Enron

Kredi derecelendirme kuruluşlarının sergilemiş oldukları tutarsız tavırlar sonucunda eleştirilere maruz kalması kaçınılmaz olmuştur. Birçok skandala imzasını atan bu kuruluşların güvenilirliklerinin sorgulanmasına neden olan olaylar arasında en çok dile getirilen, şüphesiz ki Enron skandalıdır. 1985 yılında ABD "Haustan Natural Gas" ile Internorth adlı iki doğalgaz dağıtım şirketinin birleşmesiyle kurulan Enron, hem enerji sektöründeki özelleştirmelerden doğan fırsatları iyi biçimde değerlendirmiş hem de enerji pazarlaması ve dağıtımına ek olarak futures işlemlerine yönelerek hızlı bir yükseliş sergilemiştir. 2000 yılında "Yılın En İyi Şirketi" ve Yılın En Cesur ve Başarılı Yatırım Kararı" dalında Financial Times dergisi tarafından ödüllere layık görülmüştür. İflasından birkaç ay öncesine kadar 2001 Ağustos ayında Fortune dergisi hisselerinin değeri son 10 yılda en fazla artan 10 şirketten birisi olarak göstermiş ve 1996-2001 yılları arasında "ABD'nin En Yenilikçi Şirketi" ödülünü almıştır (Togay, 2013) [57].

Böylesine bir şirketin mali çöküşünde; yasadışı uygulanan muhasebe kuralları, yolsuzluklar, kurulan yüzlerce paravan şirket ile faaliyet zararının saklanması, finansal tabloların makyajlanması ile hisse senedi yatırımcılarından riskleri gizlemesi aktif rol oynamıştır (Kadayıfçı, 2012)[58]. Ancak çalışmaya konu olması sebebiyle KDK'ların bu olay karşısında sahip oldukları yetki ve

[57] http://www.ekodialog.com/Makaleler/enron-hikayesi-belgeseli.html (11.10.2013).
[58] http://www.riskler.com/2012/03/enron-skandali/ (11.10.2013).

sorumlulukları kullanarak vazifelerini usulünce yapmamaları, bu kuruluşların neden var oldukları konusunda sorgulanmalarına neden olmuştur. Şöyle ki; Enron şirketine 2000 yılı Mart ayı sonlarına doğru, Moody's "Baa1", S&P ve Fitch ise "BBB+ " şeklinde yatırım yapılabilir notlar vermiştir (Enron Senate Report Rating Agencies, 2002: 108-109)[59]. Her işletmede olduğu gibi Enron için de ticari faaliyetini sürdürmesi çok önemliydi. Gerekli likidite ihtiyacında sermaye piyasasına kolay ulaşmak için notunu bu seviyede tutmak ve hatta yükseltmek zorundaydı. 2001 Ekim ayı başında Enron'un Mali İşler Müdür Yardımcısı Tim DeSpain, Moody's ve S&P ile görüşme yaparak; Enron'un iştiraklerinden bir bölümündeki borç ve zararların mali tablolarda yer alacağını ve böylece dönem faaliyetlerinin 1 milyar dolarlık zarar kaydedeceğini, ayrıca 1,2 milyar dolar özkaynak indiriminin olacağını sadece bir muhasebe düzeltimi gibi anlatmış ve Enron'un bu durumu duyuracağını bildirmiştir. Moody's uzmanları bu durumun bu kadar ani olmasını beklemedikleri için şaşırmış, fakat bu kötüye gidişin nedenlerinin araştırılması konusunda yeterli çabayı göstermemişlerdir. 4 Ağustos'ta istifasını veren eski CEO Jeffrey Skilling'in yerine 12 Ekim'de Ken Lay geçmiş, yeni CEO, S&P ve Moody's uzmanlarının not indirimi yönündeki fikirlerini değiştirmek adına görüşmeler yapmıştır. Bilançolarını düzeltmek adına yapacaklarını anlatmış ve uzmanların güvenini tekrardan kazanmaya çalışmıştır. Nitekim başarılı da olmuştur. Moody's Ekim ayı ortalarında Enron'a "Baa" yani kredi verilebilir seviyede not vermiştir (Enron Senate Report Rating Agencies, 2002: 110). 28 Kasım'da ise üç kredi derecelendirme kuruluşu da Enron'un yatırım yapılabilir seviyedeki notlarını düşürmüştür. Moody's B2 (bir önceki notunun 5 kademe altında), S&P ise B- (bir önceki notunun 6 kademe altında) ve son olarak Fitch ise CC (bir önceki notunun 8 kademeden fazla altında) olarak notlandırmıştır. (Enron Senate Report Rating Agencies, 2002: 115). 2 Aralık 2001'de şirketin iflas başvurusunda bulunmasıyla ise tüm dengeler alt üst olmuştur. Şirkete dair

[59]http://www.uic.edu/classes/actg/actg516rtr/Readings-M/04-Enron-Senate-Report-Rating-agencies.pdf (11.10.2013).

yeterli incelemelerde bulunmayan kredi derecelendirme kuruluşlarının, şirketin notunu sadece çöküşünden dört gün önce düşürmeleri akıllarda çeşitli soru işaretleri uyandırmıştır. KDK'lar yaşanan usulsüzlüklere, belli bir çıkar karşılığında güvenilirlikleri pahasına göz mü yumdular? Gerçekten olup bitenden habersiz, irdelemeden kendilerine verilen mali tablolara göre mi değerlendirme yaptılar, yani günah keçisi mi seçildiler? Sonuç olarak var oluş nedenlerinin sorgulanması kaçınılmaz olmuştur.

3.1.2.2. Worldcom

Enron'un yankıları kesilmeden, yaşanan ikinci skandalın konusu ABD'nin büyük telekom şirketlerinden Worldcom olmuştur. 1983 yılında faaliyete başlayan şirketin, usulsüzlüklerin henüz açığa çıkmadığı son demlerinde hisse senetlerinin tanesi 64 dolardan işlem görmekteydi. Şirket'in bilançolarını makyajlayarak, karını kağıt üzerinde 3.8 milyar dolar fazla gösterdiğinin 2002 yılının ilk çeyreğinde tespit edilmesiyle, ülkede yeni bir skandala daha imza atılmıştır. Yapılan usulsüzlüklerin kamuoyunda duyulması sonucunda şirketin hisse senetleri büyük ölçüde değer kaybetmiş, piyasadaki güven ortamı tekrar sarsılmış, hatta borsada işlem gören Qwest Communications, Lucent Technologies, Nortel Networks ve ATT gibi diğer iletişim hisse senetleri de bu çalkantıdan nasiplerini almışlardır [60]. Gerçeklerin su yüzüne çıkmasıyla harekete geçen S&P, 10 Mayıs 2002'de Worldcom'un hem uzun dönem hem de kısa dönem kredi notunu "yükümlülüğünü yerine getiremez" seviyesine çekmiştir. Nasdaq borsasında 28 Haziran 2002 itibariyle şirketin hisseleri 0.09 dolardan işlem görmüştür (Daniel Fund Ethics Initiative) [61]. Bu noktada kredi derecelendirmeye neden ihtiyaç duyulduğunun sorgulanması gerekmektedir. Doğru bilgiye yatırımcıların zamanında ulaşmasına imkan tanımayan bu kuruluşların varlığı bir anlam ifade etmemiştir. Çünkü yapılan usulsüzlüğün

---

[60] http://www.amerikaninsesi.com/content/a-17-a-2002-06-27-8-1 87863442/797186.html(20.10.2013)
[61] http://danielsethics.mgt.unm.edu/pdf/WorldCom%20Case.pdf(20.10.2013)

kamuoyuna duyurulması ile hem yatırımcılar hem de KDK'lar aynı anda bilgiye ulaşmışlardır.

3.1.2.3. Parmalat

Şirket skandallarına bir yenisi de İtalya'nın sekizinci büyük şirketi olan Parmalat'ın usulsüzlükleri eklenmiştir. 1961 yılında Calisto Tanzi tarafından kurulan, temel gıda ve süt ürünleri üretip satan Parmalat, düzmece gelir gider kayıtları, fiktif (gerçekte olmayan) gelir ve varlıkların yaratılması ile skandallar zincirine katılmıştır (Göçen, 2010: 112). Parmalat 2003 yılı Kasım ayı ortalarında 185 Milyon Dolarlık tahvil ödemesini yerine getirememiş, bunun üzerine denetçiler ve bankacılar şirketin mali durumunu inceleme altına almışlardır. Sonuç olarak Parmalat'ın varlıklarının % 38'ini oluşturan 4.9 milyar doların Cayman Adaları'nda bulunan Parmalat'ın iştirakinin Amerikan Bankası hesabında olduğu tespit edilmiştir. Fakat 19 Aralık'ta Amerikan Bankası yaptığı açıklamada, o an itibariyle böyle bir hesabın bulunmadığını rapor etmiştir (Edmondson ve Cohn, 2004). Piyasalarda büyük yankı bulan bu olay, Avrupa'nın Enron'u olarak ifade edilmiştir. Bu durum ortaya çıkmadan bir süre önce Parmalat, S&P tarafından "yatırım yapılabilir" seviye olan "BBB-" olarak notlandırılmıştır. Dönemin İtalya Başbakanı Silvio Berlusconi, skandalı "*dipsiz kuyu*" olarak adlandırmış ve verdiği bir demeçte "*bu skandalda yangının başladığına dair burunları koku alamamış olanların da sorumluluğu var*" diyerek dikkatleri KDK'lara çekmeyi başarmıştır[62].

3.1.2.4. Lehman Brothers

Lehman Brothers 1850 yılında Henry, erkek kardeşleri Emanuel ve Mayer tarafından New York'ta kurulmuş olan bir yatırım bankasıdır (Geisst, 2008)[63].

---

[62] http://www.aksiyon.com.tr/aksiyon/haber-9992-11-parmalat-skandali urkutuyor.html (20.10.2013).
[63] http://www.reuters.com/article/2008/09/13/us-lehman-factbox-idUSHAR27520620080913 (25.10.2013).

Dünya finans piyasaları 15 Eylül 2008 sabahına, 158 yıllık "batamayacak kadar büyük" olarak ifade edilen Lehman Brothers'ın iflas haberiyle uyanmıştır. Küresel krizin giderek derinleşeceğinin sinyallerini veren bu iflas haberinin altında yatan çeşitli sebeplerin olduğu konusunda yapılan pek çok çalışma vardır. KDK'lar açısından olayı değerlendirdiğimizde ise; S&P, iflas açıklamasından sadece birkaç gün önce 9 Eylül tarihinde inişe geçen hisse fiyatlarıyla Lehman Brothers'ın sermaye artırmasının belirsizlik içermesi not indirimine neden olabileceğini belirtmiştir. Fakat o dönemde Lehman Brothers'ın uzun dönem notunun "A" yatırım yapılabilir seviyede olması yine bir skandala konu olmuştur. S&P'nin kredi analisti Scott Sprinzen "*Derecelendirme sonuç olarak doğrulanabilir olsa da, şu anda birden fazla kademe not indirimi olasılığını tamamen göz ardı edemeyiz*" demiştir (Witkowski, 2008) [64]. Bu geç kalınmış açıklamalar piyasalardaki yangına körükle gidilmesine neden olmuştur.

3.2. DERECELENDİRME İLE İLGİLİ GENEL ELEŞTİRİLER

Kredi Derecelendirme Kuruluşları ve bu kuruluşların vermiş oldukları notlar, yaşanan her finansal kriz sonrası tartışma konusu olmuştur. Krizi öngöremedikleri veya mevcut durumu daha da kötüye götürdükleri yönündeki eleştiriler geçtiğimiz yıllarda hızla artmıştır. Akademisyenler, siyasetçiler, araştırmacılar, finansal kuruluşlar kredi notlarına ve kuruluşlarına ilişkin eleştirileri değerlendirmekte ve yeni düzenlemelerle çözüm üretmeye çalışmaktadırlar. Çalışmamızın bu bölümünde eleştirileri değerlendirerek, 3. Bölüm'de yeni düzenlemeleri ele alacağız.

3.2.1. Sektördeki Oligopolik Yapı

Günümüzde derecelendirmeye olan ihtiyaçtaki artışla birlikte, sektörün de oligopolistik yapısı sebebiyle kuruluşların elinde bulundurdukları inisiyatifler

[64] http://www.marketwatch.com/story/sp-may-downgrade-lehman-brothers-ratings(25.10.2013)

çerçevesinde piyasaları şekillendirmesi kaçınılmaz olmuştur. Derecelendirmenin yatırım kararlarında etkili olması ve ülkelere fon akımını yönlendirmesi nedeniyle, bu kuruluşlara atfedilen görev artmış, ister istemez piyasada KDK'lara olan bağımlılıkta aynı düzeyde artış göstermiştir. Özellikle belli başlı kuruluşların derecelendirme faaliyetleri dikkate alınmaya başlanmıştır. Bunlar oligopolistik sektör yapısının özelliklerini taşıyan uluslararası faaliyette bulunan ve kabul gören üç adet KDK, Amerika Sermaye Piyasası Kurulu SEC tarafından tesis edilen NRSRO bünyesinde yer alan ve "üç büyükler" olarak adlandırılan Moody's, Standart & Poor's (S&P) ve Fitch Ratings'dir.

Üç büyük kredi derecelendirme kuruluşunun NRSRO içindeki payı % 97, küresel piyasa içindeki payı ise % 95'tir. Oranların yüksek olması, KDK'ların oligopol piyasa özelliklerini yansıtmasına neden olmaktadır. Oligopol piyasa yapısı nedeniyle derecelendirme sektörüne giriş yapmak oldukça zordur (Dinler, 2011: 617). Üç büyük kredi kuruluşunun pastanın büyük bir payını oluşturması ve birbirlerine olan bağlılıkları yeni girecek olanlar için bir tehdit unsuru olarak görülmektedir. Derecelendirme sektörüne giriş yapmak, bu sektörde tutunup, uluslararası piyasalar tarafından tanınmak kadar zor değildir. Bu sebeplerden dolayı piyasanın iplerini elinde tutan üç büyük KDK'nın verdikleri notlar uluslararası piyasalarda da kabul görmekteyken, ekonomik krizleri derinleştirici bir unsur olarak görülmeleri kaçınılmazdır. Siyaset, Ekonomi ve Toplum Araştırmaları Vakfı (SETA) [65] raporunda, derecelendirme sektöründeki oligopolistik yapıya yeni bir seçenek olarak ya Türkiye Bankalar Birliği tarafından kurulacak kredi derecelendirme kuruluşu ya da İslami Uluslararası Kredi Derecelendirme Kuruluşu (IIRA) gibi bölgesel nitelikte kredi derecelendirme kuruluşlarının desteklenmesi ve yeni alternatifler oluşturulması tavsiye edilmiştir (Karagöl ve Mıhçıokur, 2012; 13).

[65] SETA(Siyaset, Ekonomi ve Toplum Araştırmaları Vakfı)'nın amacı, ulusal, bölgesel ve uluslararası sorunlara yönelik çalışmalar yapmak ve bunları kamuoyuna sunmaktır.2005 yılında kurulan SETA, siyasetten dış politikaya, medya ve iletişimden toplum ve kültüre, hukuk ve insan haklarından ekonomi ve eğitim alanlarına kadar çalışmalarda bulunur.

Söz konusu kuruluşlar uluslararası piyasalarda kabul gördüğü için, oligopol yapıdan sadece Türkiye değil pek çok ülke şikayetçi olmakta ve alternatif çözümler önermektedirler. Örneğin, 1994 yılında Çin, oligopol yapıya ve verilen notlara tepki olarak Dagong Global adında kendi kredi derecelendirme şirketini kurmuştur. Ülkedeki fonu çekmek isteyen ülkelere ise ön şart olarak kendi kredi derecelendirme kuruluşundan not alınması şartını koşmuş ve bu yolla tanınırlığını arttırmaya gayret etmiştir. 2012 yılının sonlarına doğru ise yine Çin'de, Pekinli Dagong, Moskovalı Rus Rating ve ABD'li Egan-Jones güçlerini birleştirilerek üç büyüklere yeni bir rakip olarak merkezi Hong Kong'da olan Universal Credit Rating'i kurmuşlardır (Ülker, 2012)[66]. 2010 yılında Portekiz'in notunun düşürülüp görünümünün durağana çevrilmesi ile birlikte Avrupa Merkez Bankası[67](ECB-European Central Bank) Başkanı Jean-Claude Trichet, dünyanın kabul görmüş üçten fazla KDK'ya ihtiyaç duyduğunu belirterek, bu sayede sektörün oligopol yapısının sona erebileceğini dile getirmiştir [68]. Dünya genelinde özellikle Avrupa ülkelerinde oligopol yapıyı kırmak için kamu gücü ile kredi derecelendirme kuruluşu kurma fikri çözüm olarak düşünülmüş fakat kamu tarafından kurulan ulusal bir derecelendirme kuruluşunun objektif kararlar veremeyeceği gerekçesiyle değerlendirmeye alınmamıştır. Bir başka alternatif olarak finansal kuruluşların birleşmesiyle, çok uluslu kalkınma bankalarının da katılabileceği yeni oluşturulacak bir kredi derecelendirme kuruluşunun faaliyete geçirilmesi düşünülmüştür. Avrupa Kredi Derecelendirme Kuruluşu (European Rating Agency) adında derecelendirme kuruluşunun kurulmasının oligopol yapıyı değiştireceğine inanılmıştır (Karagöl ve Mıhçıokur, 2012: 32).

[66]http://www.sabah.com.tr/Ekonomi/2012/10/31/uclu-ceteye-darbe (02.12.2013).

[67] Euro alanı içinde bulunan 17 ülkenin para politikasını yönetmekle görevli olan merkez bankasıdır. 1 Haziran 1998 tarihinde Almanya'da kurulan Avrupa Merkez Bankası'nın amacı, euronun alım gücünü korumak ve euro bölgesinde fiyat istikraraını sağlamaktır.

[68]http://ekonomi.milliyet.com.tr/moody-s-portekiz-i-vurdu-trichet-oligopol dedi/ekonomi/ekonomidetay/14.07.2010/1263277/default.htm (02.02.2013).

3.2.2. Piyasa Gelişmelerini Takipte Gecikme

Kredi Derecelendirme Kuruluşları kredi derecelendirmelerini belirtilen zamanda sağlayamadıkları için eleştirilmektedir. 1997 yılında yaşanan Doğu Asya Krizi boyunca kredi derecelendirme kuruluşları erken uyarı sinyallerinde bulunmadığına dair eleştirilmiş fakat piyasa katılımcılarının çoğunun düşüncesine göre krize tepki olarak beklenmedik bir anda çok hızlı not indirimde bulunarak krize cevap verdikleri gözlemlenmiştir. Örnek olarak, S&P tarafından Güney Kore'nin notunun tek bir gün içinde üç kademe birden indirilmesi örnek gösterilebilir (Ryan, 2012: 11). 2008 Finansal Krizi'ni, Yunanistan'ın, İzlanda'nın yaşadığı krizleri öngörememeleri ve piyasaya geç cevap vermeleri konusunda eleştirilseler de, uzun vadeli projeksiyonları temel alarak not verdiklerini belirterek kendilerini savunmuşlardır.

Ülkelerin derecelendirilmesi esnasında, piyasalara zamanında ve doğru bilgiler vermesi beklenen KDK'ların, piyasa göstergelerini geriden takip etmeleri yaşanan sıkıntılarda birer izleyici olarak kalmalarına neden olmuştur. Tam da bu noktada KDK'ların var olma sebeplerinin sorgulanması kaçınılmaz olmuştur. Bir yanda 2008 kriz öncesi kredi derecelendirme kuruluşlarının ülkelere verdikleri parlak notlar diğer yanda bu notlara karşılık yükselen CDS primleri (Credit Default Swap-Kredi Temerrüt Takası) yatırımcıları ikileme düşürmüştür. CDS, finansal kredinin geri ödenmeme riskine karşılık, alacaklı tarafın verdiği borcu belli bir bedel karşılığında koruma altına almasını sağlayan kredi türev enstrümanıdır (Karagöl ve Mıhçıokur, 2012: 21). CDS primlerinin yükselmesi ülkelerin riskinin arttığının apaçık göstergesiyken, KDK'lar ülkelerin notlarında güncellemeye gitmemiştir. Benzer durum iyiye giden piyasa göstergeleri sırasında, KDK'ların ülke notunu artırmakta gecikmesi ile de cereyan edebilmektedir. Kredi Temerrüt Takası ile derecelendirme notları arasındaki tutarsızlıklara ayrı bir başlıkta yer verilmiştir.

3.2.3. Yöntemlerinin Şeffaflıktan Uzaklığı ve Karmaşıklığı

Yaşanan şirket iflasları ve krizlerden çok kısa bir süre öncesine kadar KDK'lar, vermiş olduğu yüksek notlar sebebiyle değişen konjonktürel ortama uyum sağlayamadıkları konusunda eleştirilmişlerdir. Değişen piyasa koşullarına rağmen uzun yıllardır güncellenmelerden uzak aynı metodolojiyi kullanmaları, notların güvenilirliğinin sorgulanmasına neden olmuştur. Özellikle her ülkenin yapısı birbirinden farklıyken, tüm ülkelere aynı metodolojiyi uygulamaları finansal sisteme uygun olmamıştır. Bu eleştiriler sonucunda metodolojilerini değiştirmek isteyen KDK'lar, ülkelere verilen notlarda piyasaları etkileyecek değişimlerin olma riskini göz önünde bulundurarak kullandıkları metodolojilere devam etme kararı almıştır (Karagöl ve Mıhçıokur, 2012: 28). Zaman zaman kullandıkları metodoloji raporlarını yayınlamalarına ve güncellemelerine rağmen nihai yatırımcıları aydınlatmada yeterli olmamıştır. Tam olarak KDK'ların yayınladığı bu raporlarda kredi notuna etki eden faktörlerden hangisinin ne derece etki ettiği, eşit şartlardaki ülkelerle kıyaslamaların nasıl yapıldığı, hangi tür niteliksel unsurların etkili olduğu, siyasi durum gibi niteliksel bir unsurun karar alma sürecinde ne boyutta etkili olduğu gibi hususlar net değildir (Gür ve Öztürk, 2011: 78).

KDK'nın metodolojilerine yapılan yoğun eleştiriler dolayısıyla, derecelendirme sırasındaki uygulamaların şeffaflaştırılarak yanlış izlenimlerin ortadan kaldırılmasını amaçlayan Avrupa Menkul Kıymetler ve Piyasalar Otoritesi(The European Securities and Markets Authority-ESMA)[69] isimli bir kurul kurulmuştur (Karagöl ve Mıhçıokur, 2012: 30). 27 ülke bloğunun tek düzenleyicisi olan Avrupa Menkul Kıymetler ve Piyasalar Otoritesi(The European Securities and Markets Authority- ESMA) Moody's'in, Standard & Poor ve Fitch'in, bankaları derecelendirirken eski bilgiler kullandıklarını,

[69]ESMA(The European Securities and Markets Authority- Avrupa Menkul Kıymetler ve Piyasalar Otoritesi)'nın amacı Avrupa Birliği finansal sisteminin istikrarını sağlamak, menkul kıymet piyasalarının bütünlüğünü, şeffaflığını ve etkinliğini artırarak yatırımcıyı korumaktır. 2010 yılında Paris'te kurulmuştur, daha öncesinde aynı hizmeti veren kurum CESR (Committee of European Securities Regulators-Avrupa Menkul Kıymet Piyasa Düzenleyicileri Komitesi)'dir.

yapmış oldukları önemli metodoloji değişikliklerinde piyasayı uyarmadıkları ve yeterince şeffaf davranmadıkları olgusuna ulaşmıştır. Sırasıyla üç büyük KDK bu hususta açıklamalarda bulunmuştur. S&P yapmış olduğu açıklamasında; ESMA'nın önerileri ışığında derecelendirme süreçlerini ve faaliyetlerini geliştirme yönünde kararlı olduklarını belirtmiştir. Moody's'in sözcüsü Daniel Piels ise Moody's'in AB düzenlemelerine uyumlu, şeffaf ve derecelendirme sürecini kapsayan geliştirmelerde bulunmakta kararlılıklarını vurgulamıştır. Son olarak Fitch ise; düzenleyici hükümleri yerine getirdiklerini, raporda Fitch için geçerli olan kısımların derhal ele alınacağını ifade etmiştir (Masters, 2013)[70]. Sonuç olarak KDK'nın aynı ülkeyi, aynı şirketi, bankayı veya finansal enstrümanı derecelendirdiğinde birbirinden çok farklı sonuçlara ulaştıkları görülmüştür. Notlar arasındaki bu tutarsızlık, KDK'ların metodolojilerinin incelenmesi gerektiğinin sinyallerini vermiştir. Kullandıkları ölçütlerin standartlaştırılmamış olması, her kuruluşun temel aldığı göstergenin ve bu göstergelerin ağırlıklarının farklı olması gibi sonuçlara ulaşılmış ve düzenlemeler çerçevesinde metodolojilerin güncellenmesi üzerinde durulmuştur.

3.2.4. Kendiliğinden Yapılan Derecelendirmeler ve Üstü Kapalı Tehditler

Kredi Derecelendirme Kuruluşları'nın talebe bağlı olmaksızın derecelendirme yetkileri vardır. Bu duruma ülke olarak bizzat şahit olduğumuzu ülkeler bazındaki skandallar başlığımızın altında da belirtmiştik. Kredi Derecelendirme Kuruluşlarının Dezavantajları başlığı altında yer alan Alman sigorta şirketi "Hannover Re" skandalı da resen yapılan derecelendirmeye güzel bir örnektir. Hiçbir ücret talep etmeksizin anlaşma dışında yapılan derecelendirmeler kafalarda soru işareti oluşmasına neden olmaktadır. Kredi

[70]http://www.ft.com/cms/s/0/7dd71cc8-8fca-11e2-9239-00144feabdc0.html#axzz2sRQA5qoF (05.12.2013).

notu verdikleri borçlanıcılardan ücret aldıkları bir sistemde, herhangi bir anlaşmaya tabi olmadan ve karşılıksız yapılan resen derecelendirmenin tamamen yatırımcıları bilgilendirmek amaçlı olmayıp, bir de güçlerini ispatlamak adına yaptıklarını görmek hiç de zor değildir. KDK'ların vermiş oldukları notların öneminde bahsettiğimiz gibi bir ülke veya şirkete çok düşük spekülatif bir not verilmesi birbirini takip eden ciddi finansal olayların oluşmasına neden olabilmektedir. Bir ülkeye veya şirkete verilen düşük not, yatırımcıların geri çekilmesine ve böylece borçlanma kağıtlarının değerinin ani bir şekilde düşüşe geçmesine, bunlara ilaveten borçlanma maliyetlerinin artmasına, bunun sonucunda çok büyük zararların oluşmasına sebebiyet verebilmektedir.

Fitch ve Egan-Jones derecelendirme şirketleri, Moody's ve S&P'i derecelendirme için kendileriyle anlaşmayan borçlanıcıların yapılandırılmış menkul kıymetlerini otomatik olarak düşük notlarla derecelendirdikleri konusunda suçlamışlardır. Moody's, Fitch'in suçlamalarına cevabında; resen derecelendirmenin genellikle borçlanma senetlerinin düşük notlandırılmasına neden olduğunu ve bunun gerek bilgi eksikliği, gerekse temerrüde düşme olasılığını belirleyen farklı metodolojilerin kullanıyor olunmasına bağlı olduğunu belirtmiştir (Elkhoury, 2008: 7). Fulghieri, Strobl ve Xia'nın "The Economics of Solicited and Unsolicited Credit Ratings" adlı 2011 yılında yapmış oldukları çalışmada anlaşma dışında yapılan derecelendirmenin, KDK'nın kısa dönem kârının yanı sıra, uzun dönem kârını arttırdığı sonucuna ulaşmışlardır. Bu sonucu destekleyen iki etkiye de yer vermişlerdir. Birincisi, anlaşma dışında yapmış oldukları derecelendirmeleri KDK'nın yayınlama hakkına sahip olması, anlaşma dâhilinde yapılan derecelendirmeler için yüksek ücret talep etmelerine olanak sağladığıdır. Derecelendirme hizmeti için ödeme yapmayan ihraççıların, anlaşma dışında yapılan derecelendirmelerin yayınlanmasını gizli bir tehdit unsuru olarak gördüklerine ulaşmışlardır. Bu tehdidin ihraççıları, anlaşma dâhilinde yapılan derecelendirme için ödenecek olan yüksek ücrete razı ettiğini tespit etmişlerdir. İkincisi ise, kredi derecelendirme kuruluşlarının şişirilmiş not verme haklarını kullanmayarak adil olduklarını anlaşma dışında yapılan düşük notlandırma ile gösterebilmeleri olarak açıklanmıştır. Bu durum piyasada itibarlarını arttırmalarına da yardımcı olmuştur (Fulghieri, Strobl ve Xia, 2011: 3).

3.2.5. Anlık ve Sert Not İndirimleri

KDK'ların sorgulanmasına yol açan bir başka önemli eleştiri, anlık ve birden fazla kademede sert not indiriminde bulunmaları olmuştur. Ekonomik krizleri öngörme kabiliyetleri zayıf olan KDK'lar, tam da krizin patlak vermesiyle ani not indiriminde bulunarak, piyasaların daha da bozulmasına, birbirini takip eden sistemik risklerin oluşmasına neden olmaktadır. Örneğin; 1997 Doğu Asya krizinde kredi derecelendirme kuruluşları o ülkelere vermiş oldukları yüksek notlarla bu krizi beklemediklerini apaçık göstermişlerdir. 1997 Temmuz ayında Tayland'da başlayan krize karşı KDK'lar tarafından tepki krizin başlamasıyla değil, derinleşmesiyle başlamıştır. Moody's, S&P ve Fitch-IBCA'nın Endonezya ve Malezya için not indirimi 1997 yılı Aralık ayında, Kore için ise Ekim/Kasım aylarında gerçekleşmiştir. Tayland'ın notu kriz ortamının kaynamaya başladığı sıralarda 8 Nisan 1997'de Moody's tarafından düşürülmüş fakat S&P 3 Eylül'e kadar herhangi bir not indiriminde bulunmamıştır. Malezya hariç, Endonezya, Tayland ve Kore'nin notları yatırım yapılabilir seviyesinin altına düşürülmüştür. Moody's Malezya'nın notunu dört kademe birden(A1'den Baa2'ye), Tayland'ın beş kademe birden (A2'den Baa3'e), Endonezya ve Kore'nin notlarını ise altı kademe birden sırasıyla Baa3'den Caa3'e ve A1'den Ba1'e düşürmüştür (Ferri, Liu ve Stiglitz, 1999: 337). Sel köprüyü böldükten sonra krizin farkına varan derecelendirme kuruluşları, hem hali hazırda bulunduğu kriz ortamı nedeniyle çok miktarda sermaye çıkışıyla savaşan ülkelerin paniğini hem de yatırımcıların paniğini daha da artırmışlardır (pro-cyclical effect).

Bu duruma yine şirket bazındaki skandallar başlığı altındaki Enron skandalında da yer vermiştik. Çöküşünden birkaç gün öncesine kadar yatırım yapılabilir seviyedeki notların, bir anda Moody's, S&P ve Fitch tarafından sırasıyla 5, 6, 8 kademe birden indirilmesi hem sert not indirimi, hem de piyasayı olumsuz etkileme hususunda eleştirilmelerine neden olmuştur. Bilhassa 2008 krizinin başlaması sırasında da yapmış oldukları keskin not indirimleri hem krizi öngöremedikleri konusunda hem de var olma sebepleri konusunda sorgulanmalarına yol açmıştır.

3.2.6. Kredi Notu Verdikleri Kurumlardan Ücret Almaları

1970 yılına kadar KDK'lar kredi notu verdikleri ihraççılardan ücret talep etmeden, yayıncılıktan elde ettikleri gelirler ile derecelendirme işlemlerini karşılamışlardır. Fakat yetersiz kalan bu gelirler KDK'ları, sundukları derecelendirme faaliyeti sonucunda borçlanıcılardan ücret almaya yönlendirmiştir (Murphy, 1999)[71]. S&P ilk defa 1968 yılında belediyeye ait tahvillerin derecelendirmesi için ücret talep etmiştir. Hemen arkasından 1970 yılında Moody's ve Fitch de aynı sisteme uyarak derecelendirme hizmetleri karşılığında ücret almaya başlamışlardır. Hatta gelirlerinin önemli bir kısmının ihraççılardan aldıkları ücretlerden oluştuğu bilinmektedir (White, 2001: 13).

Günümüzde kredi derecelendirme kuruluşları gelir elde etmek için farklı modeller kullanırlar. Bunlardan bir tanesi menkul kıymet ihraç edenlerin KDK'lara ücret ödemesini kapsayan "ihraççı ödemeli model"(issuer pay model) bir diğeri ise aylık belli bir ücret ödemesine dayanan "abone ödemeli model"(subscription model)dir. Avrupa Komisyonu (European Commission) çalışmalarında özellikle ülke notları için ücretlendirme politikalarının tek tip olmadığını gözlemlediklerini belirtmişlerdir. Ülke derecelendirmesine katılan ülkelerin bir kısmı derecelendirme adına ücret ödemezken, ücret ödeyen ülkelerin çoğu ise "ihraççı ödemeli model" kapsamının doğası gereği çıkar çatışmalarına ilişkin endişelerin artacağını düşünmektedir (Haan ve Amtenbrink, 2011: 13).

[71] http://library.fes.de/fulltext/iez/00767toc.htm (25.12.2013).

Menkul kıymet ihraç edenlerin ödemesine dayanan "ihraççı ödemeli model" de ücret politikası açık bir şekilde, KDK'nın vermiş olduğu notlar karşılığında ücret talep etmesine dayanmaktadır. Ücretin ihraççıdan alınması sebebiyle kredi notu karşılığında yatırımcılardan ve diğer piyasa katılımcılardan ücret talebi söz konusu olmamaktadır. NRSRO'ya kayıtlı kuruluşlardan A.M. Best, DBRS, Fitch, HR Ratings, JCR, Moody's, ve S&P olmak üzere 7 tanesi bu modeli kullanmaktadır (NRSRO, 2013: 7). Bu şekilde elde edilen gelir doğal olarak akıllarda bir takım soruların oluşmasına neden olmaktadır. Çıkar ilişkisine dayanan yüksek not-yüksek kazanç durumu söz konusu olabilir mi? veya KDK'lar verdikleri notlarla doğru orantılı ilerleyen ücret talebinde bulunuyor olabilirler mi?

"Abone ödemeli model" ise genellikle ihraççıdan çok yatırımcının veya diğer piyasa katılımcılarının ödemesine dayanan bir model olmasından dolayı pek fazla çıkar ilişkisine bağlı eleştirilere maruz kalmayan bir yöntemdir. Bu ödeme yöntemini NRSRO'ya kayıtlı Egan-Jones Derecelendirme Şirketi-EJR kullanmaktadır (SEC, 2014: 22). Aylık belli bir sabit ücrete bağlı kredi notu öğreniminin genellikle büyük kurumsal yatırımcılar açısından mümkün olması, bireysel yatırımcılar tarafından eleştirilmektedir. Ayrıca bu yöntemi eleştirenler, ihraççının bilgisine ulaşmada yetersiz kalındığı, yönetim tarafından elde edilen bilgilerin ileriye dönük derecelendirme sunarken daha yararlı olabileceğini ileri sürmektedir [72].

Günümüzde düzenlemeler ışığında SEC kurallarına göre NRSRO'ların Eloktronik Veri Toplama, Analiz ve Erişim adlı EDGAR(Electronic Data Gathering, Analysis and Retrieval) elektronik sistemini kullanıyor olması ve AB'de ESMA'nın kurduğu Merkezi Havuz(Central Repository-CEREP) sisteminde derecelendirmeye ait verilerin halka açık olması, KDK'ları "ihraççı ödemeli model"i kullanmaya sevketmektedir. "Abone ödemeli model"i

[72]http://www.standardandpoors.com/aboutcreditratings/(11.02.2014).

kullanmaları derecelendirme kuruluşlarının gelirlerinin büyük oranda düşmesine neden olacaktır (SEC, 2014: 53).

3.2.7. Kredi Derecelendirme Kuruluşlarına Aşırı Bağımlılık

Uluslararası Ödemeler Bankası'nın (Bank for International Settlements-BIS), Basel Bankacılık Denetim Komitesi(Basel Committee On Banking Supervision-BCBS)tarafından, Basel II(International Convergence of Capital Measurement and Capital Satndards-Sermaye Ölçümü ve Sermaye Standartlarının Uluslararası Düzeyde Uyumlaştırılması) kriterlerinin bankacılık ile ilgili düzenlemelerinde derecelendirme yaptırma şartı getirilmiştir. Bütün ülkelerde Basel uzlaşılarına uyum sürecinde derecelendirmenin ihtiyaçtan çok zorunluluk boyutuna ulaştığı gözlemlenmiştir. Derecelendirmenin zorunluluk haline gelmesi, KDK'lara bağımlılığı artırmış, kredi derecelendirme notlarının finansal sistemde risk belirleyici bir kıstas olarak görülmesine neden olmuştur (Akçayır, 2013: 100).

Basel III düzenlemeleriyle birlikte sermaye ve likidite düzenlemelerinde de kredi notları oldukça popüler hale gelmiş, üstelik birçok piyasada varlık ihraç edebilmek için KDK'lar tarafından notlandırılmış olma şartı koyulmuştur. Bazen tek bir kuruluş tarafından derecelendirilmek yeterli sayılırken, bazı durumlarda en az iki kuruluş tarafından derecelendirme yapılması istenmiştir (Gür ve Öztürk, 2011: 78). 1970 yılları öncesinde yatırımcılar tarafından talep edilen notların, 1970'ler sonrasında ihraççılar tarafından istenmesi, yapılan belli başlı düzenlemeler ışığında zorunlu koşulmasının sonucu olarak görülebilir. KDK'ların temel fonksiyonları olan piyasaları bilgilendirmenin ötesinde tamamen prosedürlere uymak amaçlı kullanıldığı kaydedilmiştir (Partnoy, 2006: 68).

Mortgage piyasasında da karmaşık yapıdaki türev ürünlerin ortaya çıkması ve yatırım yapmak isteyen potansiyel yatırımcıların bu ürünlerin riskliliği hakkında yeterli bilgiye sahip olmaması, derecelendirmeye olan bağımlılığı artıran bir başka unsur olmuştur. Finansal piyasaların karmaşıklığı, yapılan düzenlemeler sonucu derecelendirme zorunluluklarının getirilmesi, derecelendirme kuruluşlarına olan bağımlılığı artırırken, bu durum aynı oranda KDK'ların bağımsızlığının artmasına sebep olmaktadır. İhsan Uğur Delikanlı tarafından Basel III:Uluslararası Bankacılık ve Finans Sisteminin Yeni Mimarisi ve Türk Bankalarına Etkileri Konferansı'nda yapılan konuşmada, yaratılan aşırı bağımlılığın kötü felaketlere yol açtığı gerekçesiyle, Basel III uzlaşısının oluşturulması sırasında BDDK ve TCMB'nin düzenlemelere ilişkin fikirlerini Basel Komitesi'ne sunduklarını fakat köklü bir değişimin yaşanmadığını belirtmişlerdir (Delikanlı, 2011: 3). Basel I sermaye uzlaşısı, Basel II yeni sermaye uzlaşısı olarak bilinmekteyken, yaşanan krizde likidite riskiyle karşı karşıya kalınması yeni bir unsur olan likiditenin Basel III'ün sermaye ve likidite uzlaşısı olarak yer almasını sağlamıştır.

3.2.8. CDS Puanları Kredi Notlarına Bir Alternatif Olabilir Mi?

CDS, borçlunun borcunu ödeyememe riskine karşı korunmak için alacaklının alacağını sigortalatmasıdır. Riski üstlenen tarafa ödenen bedel, CDS puanına (CDS Spread) göre belirlenen kredi risk primidir. Alacaklı belirlenen primi her dönem ödediği takdirde garantisi devam eder. Kredi temerrüdünden korunmak isteyerek CDS primi ödeyen taraf ile kredi temerrüt riskini üstlenen taraf arasında karşılıklı olarak değiş tokuş(swap-takas) yapılmaktadır. KDK'nın vermiş olduğu notlar ülke, kurum, şirket, tahvil vb. bir varlığın ödeme yeterliliği hakkında bilgi verirken, CDS primleri de ülke, şirket veya kurum tarafından kullanılan kredilerin (borçlunun) alacaklılarına ödeme yeterliliği hakkında bilgi verirler. CDS primleri, genellikle vadesine beş yıl kalmış bir tahvilin vadesine kalan süre içindeki ödemeleri ile ilgili garanti veren tarafın istediği bedeldir. Kredi dereceleri ise uzun vadeli-kısa vadeli, yerel para-yabancı para cinsinden kredibilite düzeyini yansıtır [73]. Benzer bilgileri veriyor olmalarına rağmen aralarında anlamlı farklar olması eleştirilere konu olmalarına neden olmaktadır. Yurt dışında yapılan çalışmaların çoğunda KDK'ların notları ve CDS'ler arasındaki tutarsızlıklar ele alınmıştır. CDS primleri ile derecelendirme notlarının karşılaştırılmasını içeren tablo aşağıda verilmiştir.

Tablo 10. CDS Primleri ile Derecelendirme Notlarının Karşılaştırılması

CDS (Kredi Temerrüt Takası)	Kredi Derecelendirme Notları
Borçlunun riski yükseldikçe CDS primleri yükselir.	Borçlunun riski yükseldikçe kredi dereceleri düşer.
CDS işlemleri işlem günleri içinde devamlı olarak yapıldığından piyasa katılımcılarının; borçlunun kredibilitesi hakkındaki algıları hızlı bir şekilde CDS primlerine yansır. Böylece, CDS primlerinin yükselmesi ve düşmesi, borçlunun kredibilitesi hakkında güncel bir gösterge işlevi görür.	Kredi notları derecelendirme uzmanlarınca, derecelendirilen tarafın durumunda bir düzeltme yapılması gerektiği görüşü oluştuğunda değiştirilir. Dolayısıyla derecelendirilentarafın kredibilitelerindeki değişmeler notlara gecikmeli yansır.
CDS primleri piyasaya sürekli bilgi verirler.	Kredi notları piyasaya kesikli bilgi verirler.
CDS primleri piyasada işlem yapanların görüşlerini yansıtır.	Kredi dereceleri, derecelendirme uzmanlarının görüşlerini yansıtırlar.
CDS primleri piyasa koşullarına göre her gün değişebilen bilgiler verir.	Kredi derecelerinin hergün değişmesi beklenmez. Pratikte aylarca hatta yıllarca aynı düzeyde kalabilir.

Kaynak:http://www.guvensayilgan.com/wp-content/uploads/2014/09/Kredi-Temerr%C3%BCt-Swaplar%C4%B1-ve-Kredi-Dereceleri.pdf (30.11.2014).

Eleştirilere maruz kalan KDK'ların vermiş olduğu notlarla CDS primlerinin birbirleriyle tutarlı olup olmadıklarını güncel bilgilerden oluşturduğum tablo yardımıyla değerlendirebiliriz. Kıyaslama yaparken ülke notlarını sayısallaştırarak daha kolay incelememizi sağlayan Basu et al.(2012) tarafından oluşturulan "Comparative Rating Index for Sovereigns(CRIS)-Karşılaştırmalı Ülke Derecelendirme İndeksi(KÜDİ)"ne de yer verilmiştir. AAA'dan C'ye kadar olan her notun "Pozitif", "Durağan" ve "Negatif" görünümlerini de kapsayan 1'den 60'a kadar puanlanmasına dayanan indeks; en yüksek kredi notuna 60, en düşük kredi notuna ise 1 puan verilerek oluşturulmuştur.

[73] http://www.guvensayilgan.com/wp-content/uploads/2014/09/Kredi-Temerr%C3%BCt-Swaplar%C4%B1-ve-Kredi-Dereceleri.pdf(30.11.2014)

Tablo 11. Ülkelerin CDS Baz Puanları ve Derecelendirme Notlarının Karşılaştırılması

ÜLKELER	5 YILLIK CDS BAZ PUANI	5 YILLIK TEMERRÜT OLASILIĞI	S&P NOTU	NOT GÖRÜNÜMÜ	KÜDİ
Arjantin	1,966.2	%67.1	SD	Nm	
Venezuella	931.7	%48.6	CCC+	Negatif	11
Ukrayna	778.5	%41.6	CCC	Durağan	9
Pakistan	615.0	%36.2	B-	Durağan	15
Yunanistan	464.0	%34.2	B	Durağan	18
Lübnan	348.4	%22.5	B-	Durağan	15
Mısır	319.1	%20.4	B-	Durağan	15
İzlanda	172.4	%14.6	BBB-	Pozitif	34
Portekiz*[74]	164.1	%13.8	BB	Durağan	27
Rusya	177.4	%12.1	BBB-	Negatif	32
Türkiye*	175.7	%12.0	BB+	Negatif	29
Brezilya	143.3	%9.9	BBB-	Durağan	33
İtalya*	95.1	%8.2	BBB	Negatif	35
Çin	77.3	%6.8	AA-	Durağan	51
İspanya	66.8	%5.8	BBB	Durağan	36
İrlanda	46.2	%4.1	A-	Pozitif	43
Fransa*	39.5	%3.5	AA	Negatif	53
Japonya*	36.8	%3.0	AA-	Negatif	50
Avustralya*	31.4	%2.8	AAA	Durağan	60
Hollanda*	30.4	%2.7	AA+	Durağan	57
Avusturya	30.2	%2.7	AA+	Durağan	57
Finlandiya	24.0	%2.1	AA+	Durağan	57
Danimarka	23.6	%2.1	AAA	Durağan	60
Almanya*	20.1	%1.8	AAA	Durağan	60
İngiltere*	19.6	%1.7	AAA	Durağan	60
ABD*	16.8	%1.5	AA+	Durağan	57
İsveç*	14.6	%1.3	AAA	Durağan	60
Norveç	12.5	%1.1	AAA	Durağan	60
CDS Baz puanları ve temerrüt olasılığına S&P Capital IQ Sovereign Debt Report 2nd Quarter 2014'den ulaşılmıştır (CDS baz puanları 2014 yılı ikinci çeyreğine aittir). Toplamda 72 ülkenin CDS'ine ulaşılmış fakat liste dikkat çeken 28 ülkeyle sınırlandırılmıştır. Ülke notları uzun vadeli yabancı para cinsinden S&P'nin sitesinde yer alan notlardır. Tablo tarafımca düzenlenmiştir.					

Kaynak: S&P Capital IQ Sovereign Debt Report 2nd Quarter 2014.

Tablo dikkatli incelendiğinde aynı kredi notuna sahip olan ülkelerinin CDS baz puanlarının farklı olması akıllarda soru işareti bırakmaktadır. Pakistan,

[74]Ülkelerin isimlerinin yanında yer alan "*" işaret, o ülkelerin re'sen derecelendirme yapıldıklarını göstermektedir.

Lübnan ve Mısır'ın derecelendirme notu "B-", not görünümleri "durağan" iken; CDS baz puanları sırasıyla 615.0, 348.4, 319.1'dir. Biri diğerinin iki katına yakın olan CDS baz puanına sahipken, aynı derecelendirme notunu paylaşıyor olmaları KDK'ların vermiş oldukların notların sorgulanmasına neden olmaktadır. İtalya'nın re'sen yapılan derecelendirme sonucundaki kredi notu "BBB", not görünümü ise "negatif" iken CDS baz puanı 95.1 'dir. Tablo ayrıntılı olarak incelendiğinde İtalya'ya yakın CDS baz puanı olan ülkelerin daha yüksek kredi notlarına sahip oldukları görülmektedir. CDS primlerinin piyasada işlem yapan taraflar arasından ve gerçek işlemlerden doğması, kredi derecelendirme notlarının ise derecelendirme uzmanlarının görüşünü yansıtıyor olması; derecelendirme notlarının objektiflikten uzak subjektif yargılarla verildiğinin tartışılmasına neden olmaktadır.

Alacaklı'nın CDS baz puanınca belirlenen CDS priminin nasıl hesaplandığına bir örnek üzerinden bakalım. Vadesine 5 yıl kalan 10.000.000 USD tutarındaki Türkiye'nin tahvilini elinde bulunduran bir yatırımcının, ödenmeme riskine karşı kendisini korumak için ödeyeceği prim şu şekilde hesaplanır;

CDS Baz Puanı * 0,0001(%0,01)[75]= Prim Yüzdesi

Anapara * Prim Yüzdesi= CDS Primi

175.7 * 0,0001 =0,01757= %1,757

10.000.000 * %1,757 = 175.700 USD

Yatırımcının ödenmeme riskine karşı her dönem garanti veren tarafa ödemesi gereken CDS primi 175.700 USD'dir. CDS primleri ile derecelendirme notları arasında ters orantı vardır. Ülke, şirket, kurum, tahvil vb. varlıkların derecelendirme notu yüksekse, CDS primi de düşük olmalıdır. Çünkü doğru bir değerlendirmede borçlunun riski yükseldikçe, CDS primleri yükselir, kredi dereceleri düşer. Bu bağlamda tablo incelendiğinde kısmen de olsa tutarsızlıkların olduğu görülmektedir.

[75]Bir baz puan değeri 0,0001'dir.

ÜÇÜNCÜ BÖLÜM

KREDİ DERECELENDİRME KURULUŞLARINA İLİŞKİN DÜZENLEMELER

1. 2008 FİNANSAL KRİZİ ÖNCESİ KREDİ DERECELENDİRME KURULUŞLARI DÜZENLEMELERİ

Son yıllarda KDK'lara yönelik eleştirilerin artması, beraberinde yeni düzenlemeleri gerektirmiştir. Özellikle, Enron, Worldcom, Parmalat gibi şirket skandalları sonrasında KDK'ların varlığı sorgulanmaya başlamıştır. 2008 Finansal Krizi öncesi hem uluslararası hem de bireysel olarak ABD'de, Avrupa Birliği Ülkeleri'nde ve Türkiye'de çeşitli düzenlemeler yapılmıştır.

1.1. KREDİ DERECELENDİRME KURULUŞLARI'NA YÖNELİK ULUSLARARASI DÜZENLEMELER

Kredi derecelendirme sektörünün canlanmasıyla birlikte KDK'larının küresel finansal sistem içerisindeki rolleri ve önemleri artmıştır. Hatalı notları sonucunda meydana gelen finansal sıkıntılar ise uluslararası boyutlara ulaşmıştır. Uluslararası Menkul Kıymet Komisyonları Teşkilatı(International Organization of Securities Commissions-IOSCO) [76] tarafından oluşturulan KDK Davranış Kuralları ve Uluslararası Ödemeler Bankası (Bank of

[76]IOSCO (International Organization of Securities Commissions-Uluslararası Menkul Kıymet Komisyonları Teşkilatı) 1983 yılında kurulmuştur. Dünya'nın menkul kıymetler ve vadeli işlemler piyasalarını düzenler. 100'ü aşkın ülkeden üyeye sahip olan IOSCO, menkul kıymetler piyasasının % 95'ini düzenlemektedir. IOSCO'nun amaçları ve ilkeleri G-20 ve Finansal İstikrar Kurulu(FSB) tarafından da kabul edilmiştir.

International Settlements-BIS) Basel Komitesi tarafından yayımlanan Basel uygulamaları 2008 Finansal Krizi öncesi düzenlemeler arasındadır. IOSCO'nun oluşturdukları kurallar direkt KDK'lara ilişkin olması nedeniyle büyük önem arz etmektedir. Basel uygulamaları ise bankacılık sektörüne ilişkin olmasına rağmen dolaylı yönden KDK'ları da etkilemektedir. Bu noktada IOSCO Kodu ve Basel Düzenlemeleri değerlendirilmektedir.

1.1. 1. IOSCO Kodu

Kredi Derecelendirme Kuruluşları'nın Worldcom ve Enron skandallarındaki başarısızlıklarına cevap olarak 2003 yılında IOSCO Teknik Heyeti'nin kurmuş olduğu KDK İş Ekibi "IOSCO KDK İlkeleri"ni yayımlamıştır. Yayımlanan ilkelerden sonra KDK'larında içinde yer aldığı bazı yorumcular, daha detaylı ve pratikte uygulanabilir bir formatta ilkelerin sunulmasını talep etmişlerdir (IOSCO, 2010: 9). IOSCO Teknik Heyeti tarafından 2004 yılında ihraççılar, yatırımcılar, akademisyenler ve finansal kurumlar ile istişarelerde bulunarak "Kredi Derecelendirme Kuruluşları için Temel Davranış Kuralları" yayımlanmıştır. IOSCO ;

-Derecelendirmelerin izlenmesi de olmak üzere derecelendirme sürecinin kalite ve bütünlüğünü sağlamak için,

-Çıkar çatışmalarını önlemek, uygun içsel süreçleri belirlemek ve analistlerin bağımsızlığını korumak için,

-Derecelendirme yöntemlerinin şeffaf olması ve bu derecelendirmelerin gerektiğinde gecikme olmadan düzeltilmesini sağlamak için,

-Gizli ve özel bilgilerin saklanması için,

-KDK'nın bu kurallara ne derece uyduğunu göstermek için kurallar koyar.

IOSCO kuralları oranlar, modeller ve derecelendirme kategorileri gibi metodolojik ayrıntılar belirtmeyen genel kurallardır. Bu tarz kararlar kurumların kendilerine bırakılmıştır (Utzig, 2010: 7).

IOSCO Teknik Komite Başkanı Andrew Sheng, "*Yayımlanan davranış kurallarının temel amacı; derecelendirme sürecinin bütünlüğünü emniyet altına alarak yatırımcının korunmasını teşvik etmektir. Tüm KDK'ların bu kurallara bağlı kalacağını umuyoruz. Bu kadar çok çaba sarf etmemizin nedeni yatırımcıların yatırım kararlarını alırken güvenilir, doğru kredi derecelendirme edinmelerinin öneminin farkında olmamızdır*" diyerek yatırımcılar için güvenilir ve doğru derecelendirmenin önemine dikkat çekmiş; IOSCO koduna bağlı kalınarak derecelendirmenin yapılabileceğini vurgulamıştır.

IOSCO Kodu'nun Temel Esasları;

- Derecelendirme Sürecinin Kalitesi ve Bütünlüğü,
- KDK'ların Bağımsızlığı ve Çıkar Çatışmalarından Kaçınma,
- KDK'ların Yatırımcılara ve İhraççılara Sorumlulukları,
- Yönetim Kurallarının Açığa Vurulması ve Piyasa Katılımcılarıyla İletişim

olmak üzere dört bölüme ayrılmaktadır.

Bu bölümlerin her birinin altında, numaralandırılmış halde toplamda 52 temel kural yer almaktadır (Langohr ve Langohr, 2008: 443-444).

Derecelendirme sürecinin kalitesi ve bütünlüğü başlığı altında; KDK'ların metodolojileriyle tutarlı derecelendirmede bulunması gerektiği ve yeterli becerilere sahip analistle çalışıyor olmasının önemi vurgulanmıştır. Derecelendirme bütünlüğünün sağlanabilmesi için ise, piyasa değişimlerinin yakından takip edilerek aktif bir şekilde not güncellemelerinde bulunulması şartı getirilmiştir.

KDK'ların bağımsızlığı ve çıkar çatışmalarından kaçınma bölümü altında; derecelendirmelerde bulunacak analistin, aynı zamanda danışmanlık hizmeti vermesi yasaklanmıştır. Derecelendirme işlemi sonucunda analistin alacağı ücretin, ihraççının ödediği bedele dayalı olarak belirlenmemesi gerektiği belirtilmiştir.

KDK'ların yatırımcılara ve ihraççılara sorumlulukları başlığı altında; derecelendirme duyurularının şeffaflığı ve zamanında ilan edilmesinin önemi vurgulanmıştır. Analistin edindiği gizli bilgileri basın bültenlerinde veya sohbetlerinde başka ihraççılarla ve yatırımcılarla paylaşması yasaklanmıştır.

Yönetim kurallarının açığa vurulması ve piyasa katılımcılarıyla iletişim bölümü altında ise; KDK'ların IOSCO Kodu'na uygun derecelendirme faaliyetinde bulunduklarını beyan etmeleri şartı getirilmiştir. IOSCO hükümlerinden sapma gösteren derecelendirme kuruluşlarından bu sapmaların nedenlerini belirtmeleri istenmiştir. Ayrıca derecelendirme şirketlerinin piyasa katılımcılarından gelen soru ve şikayetleri incelemelerini sağlayacak kendi içlerinde bir örgüt kurmaları istenmiştir.

1.1.2. Basel I ve Basel II Düzenlemeleri

Uluslararası Ödemeler Bankası(BIS), 17 Mayıs 1930 yılında uluslararası ödemeler sistemini düzenlemek amacıyla kurulmuştur. BIS çatısı altında G10[77] ülkelerinin merkez bankası başkanları tarafından 1974 yılında Basel Bankacılık Denetim Komitesi(BCBS-The Basel Commitee on Banking Supervision) oluşturulmuştur. İsviçre'nin Basel şehrinde oluşturulan komite, dünya çapında finansal istikrarı artırmak amacıyla bankaların düzenleme, denetim ve uygulamalarını güçlendirme hedefindedir. Basel Bankacılık Denetim Komitesi tarafından 1988 yılında Basel I sermaye yeterliliğine ilişkin uzlaşı yayımlanmıştır. Basel I'e göre yasal sermaye yeterlilik oranı % 8 olarak belirlenmiş ve birçok ülkede uygulanmaya başlamıştır (Yayla ve Türker Kaya, 2005: 4). Basel I'e göre risk ağırlıkları belirlenirken "OECD klüp kuralı" na uyulması öngörülmüştür. Kural gereği; OECD üye ülkelerine % 0, üye olmayan

[77] G10(Group of Ten), IMF'nin yetersiz kalması durumunda birbirlerine ve özel durumlarda üçüncü devletlere kredi verilmesi için anlaşma yapmış 11 sanayileşmiş ülkeler topluluğudur. 1962 yılında ABD, Belçika, Birleşik Krallık, Fransa, Hollanda, İsviçre, İtalya, Japonya, Kanada olmak üzere 8 IMF üyesi ülkelerin merkez bankalarının katılımıyla kurulmuş ve hemen sonrasında Almanya ve İsveç'te eklenmiştir. 1964 yılında ise İsviçre'nin de G10 grubuna katılmasıyla üye ülke sayısı 11'e yükselmiş fakat ismi değişmemiştir.

ülkelere ise % 100 risk ağırlığı verilmektedir. Basel I'in en çok eleştirildiği noktalardan biri olan OECD klüp kuralı, karşı tarafın kredi değerliliğini açık bir şekilde dikkate almamaktadır (Babuşçu, 2005: 262).

Basel I'in başarısı Finansal İstikrar Forumu[78](Financial Stability Forum-FSF) tarafından kabul edilse de, eleştirilen yönlerini düzenlemek adına 2004 yılında Basel II uzlaşısı yayımlanmıştır. Basel I kapsamında uygulanan "tek beden elbise-one size fits all" sistemi yerine Basel II ile bankalara yapılarıyla uyumlu sistemi seçebilme hakkı tanınmıştır (Caruana, 2006: 3). Basel II kapsamında kredi kullandırıldığında, fon ihtiyacı olan tarafın kredi derecesi baz alınarak, bankaların buna göre karşılık ayırması istenmiştir. KDK'ların verdiği dereceler, bankalar için dış derecelendirme olarak değerlendirilerek, kredi borçlusunun dahil olduğu varlık sınıfı için ifade edilen risk ağırlıklarının tespitinde kullanılmaktadır. KDK'lar derecelendirilecek firmadan kullanacağı verileri uygulama metodolojilerine göre talep etmektedir. Bu durum derecelendirme kuruluşlarının farklı verileri veya bilgileri toplamasına ve notların farklılığına neden olmaktadır. Derecelendirme esnasında risk ölçüm metodolojilerinin uluslararası kabul görmüş standartlar çerçevesinde olmasına ve objektif açıdan değerlendirilmesine dikkat edilmelidir. Basel II kapsamında kredi değerlendirmesi "Standart Yöntem" ve "İçsel Yöntem" olmak üzere iki şekilde gerçekleştirilir. Standart Yöntem'de KDK'ların vermiş olduğu notlara göre firmaların kredi riskleri belirlenmektedir. Tablo 12'de gösterildiği gibi verilen kredi çeşitlerine göre risk ağırlıkları değişmektedir. İçsel Yöntem de ise kredi riski, kredi verecek olan bankanın kendi değerlendirmesine bağlıdır. KDK'lar tarafından yapılan dış derecelendirme işlemiyle, yüksek notlara sahip olan firmaların riskleri düşük olacağından düşük maliyetle kredi almaları mümkün olmaktadır (Karagöl ve Mıhçıokur, 2012: 26-27). Standart Yöntem'le

---

[78]FSF(Financial Stability Forum-Finansal İstikrar Forumu) uluslararası finansal istikrarı desteklemek amacıyla G7 ülkeleri Maliye Bakanları ve Merkez Bankası Başkanlarınca 1999 yılında kurulmuştur. G7 ülkeleri; ABD, Japonya, Almanya, İngiltere, Fransa, İtalya, Kanada'dır. Daha sonra Rusya'nın dahil olmasıyla grup G8 olarak anılmaya başlanmıştır.

kredi riski ağırlıkları belirlenirken, KDK'ların karşılaması istenen kriterler şu şekildedir (Altıntaş, 2006: 398-399):

- Objektiflik; derecelendirmede bulunacak KDK'ların kullandıkları metodolojilerinin en az bir, tercihen üç yıllık geçmişe sahip olması istenmektedir. Objektiflik esasına bağlı kalarak, borçlunun kredi derecelendirilmesi finansal yapısındaki değişikliklere göre revize edilmelidir.
- Bağımsızlık; KDK'ların derecelendirme sırasında siyasi ve ekonomik baskılardan uzak bağımsız karar vermelerini açıklar,
- Uluslararası Eşitlik ve Şeffaflık; KDK'ların verdikleri derecelendirme notları ve kullandıkları metodolojilerinin halka açık ve ulaşılabilir olmasını açıklar,
- Yeterli Kaynağa Sahip Olma; KDK'ların yüksek kalitede derecelendirmede bulunabilmesi için gerekli olan alt yapıya, finansmana ve yetenekli insan kaynağına sahip olmasını açıklar.

Tablo 12'deki Standart Yöntem'de kullanılan risk ağırlıklarının derecelendirme notlarına göre değişimi gösterilmiştir. Hazinenin, bankanın ve opsiyon 1'de yer alan kuruluşların derecelendirme notu BB+ ile B- arasında ise % 100 risk ağırlığı, B-'nin de altında ise % 150 risk ağırlığı uygulanmaktadır. Parakende krediler için % 75, ikamet amaçlı konut kredileri için % 35, takipteki alacaklar için ise, % 50 ile % 150 arasında değişik oranlarda risk ağırlıkları belirlenmiştir.

Tablo 12. Standart Yöntemde Kullanılan Risk Ağırlıkları

VARLIKLAR	Opsiyonlar	AAA/AA-	A+/A-	BBB+/BB-	BB+/B-	B-'nin Altı	Derecel endiril memiş
Hazine/Merkez Bankalarına Verilen Krediler	BKDK Notuna Göre	% 0	% 20	% 50	% 100	% 150	% 100
Diğer Kamu Kurum ve Kuruluşlarına Verilen Krediler	Hazine Benzeri	% 0	% 20	% 50	% 100	% 150	% 100
	Opsiyon 1	% 20	% 50	% 100	% 100	% 150	%100
	Opsiyon 2	% 20	% 50	% 50	% 100	% 150	% 20
Bankalara Verilen Krediler	Opsiyon 1	% 20	% 50	% 100	% 100	% 150	% 100
	Opsiyon 2	% 20	% 50	% 50	% 100	% 150	% 50
	Opsiyon 2 Kısa vade	% 20	% 20	% 20	% 50	% 150	% 20
VARLIKLAR	AAA/AA-	A+/A-	BBB+/ BB-	BB-'nin Altı	Derecesi Olmayan		
Şirketlere Verilen Krediler	% 20	% 50	% 100	% 150	% 100		
VARLIKLAR	RİSK AĞIRLIKLARI						
Parakende Krediler	% 75						
İkamet Amaçlı Gayri Menkul Kredileri	% 35						
Takipteki Alacaklar	Belirli Koşullara Göre % 50, % 100 veya % 150						

Kaynak: Yayla ve Türker Kaya, 2005: 7 (25.12.2014).

Basel II uzlaşısı Standart Yöntem risk ağırlıkları tablosu S&P'nin not skalasına göre düzenlenmiş olup, daha anlaşılır olması için Moody's ve Fitch'in de yer aldığı derecelendirme notlarının eşleştirilmiş hali Tablo 13'te gösterilmiştir.

Tablo 13. Üç Büyükler'in Derecelendirme Notlarının Eşleştirilmesi

Standard & Poor's	Moody's	Fitch
AAA	Aaa	AAA
AA+	Aa1	AA+
AA	Aa2	AA
AA-	Aa3	AA-
A+	A1	A+
A	A2	A
A-	A3	A-
BBB+	Baa1	BBB+
BBB	Baa2	BBB
BBB-	Baa3	BBB-
BB+	Ba1	BB+
BB	Ba2	BB

BB-	Ba3	BB-
B+	B1	B+
B	B2	B
B-	B3	B-
CCC+	Caa1	CCC+
CCC	Caa2	CCC
CCC-	Caa3	CCC-
CC	Ca	CC
C	C	C
D		D

Kaynak:BDDK, 2004, Basel II Sayısal Etki Çalışması(QIS-TR) Değerlendirme Raporu, Syf:21.

1.2. KREDİ DERECELENDİRME KURULUŞLARI'NA YÖNELİK AMERİKA BİRLEŞİK DEVLETLERİ'NDEKİ DÜZENLEMELER

Enron, Worldcom gibi şirket olayları sonrası ABD Hükümeti de mevcut KDK ile ilgili düzenlemelere ilişkin durum değerlendirmesi yapmıştır. IOSCO'nun uluslararası bağlayıcı olan hükümlerine uyum için SEC, yeni kurallar koymuş ve özellikle bu kuralların NRSRO'ya kayıtlı KDK'ları ilgilendirdiği belirtilmiştir. 2006 yılında yayımlanan KDK Reform Yasası (CRA Reform Act) ise sadece derecelendirme kuruluşlarını konu alması sebebiyle farkındalığı arttırıcı bir öneme sahiptir.

1.2.1.Amerika Sermaye Piyasa Kurulu (SEC) Düzenlemeleri

2008 Finansal Kriz öncesi ABD'de KDK'lara ilişkin çeşitli düzenlemeler oluşturulmuştur. Kredi Derecelendirme Kuruluşları'na ilişkin ilk düzenleme ise 1934 yılında ABD'de yürürlüğe giren Menkul Kıymetler Yasası gereğince yapılmıştır. KDK'ların kullandıkları metodolojilere SEC'in müdahalesi şu madde ile kesinlikle yasaklanmıştır; "Hukukun diğer hükümlerine bakılmaksızın, ne komisyon ne de herhangi bir devlet (veya ilgili siyasi alt bölümü) kredi derecelendirmenin varlığını veya NRSRO tarafından belirlenmiş derecelendirmenin usul ve metotlarını düzenleyemez" (Securities Exchange Acts of 1934, 15E).

Amerika Sermaye Piyasası Kurulu(SEC), 1994 yılında KDK'ların piyasadaki rolleriyle ilgili kamuoyu soruşturması yapmak için bir rapor sunmuştur. Rapor sonucuna göre SEC, 1934 Sermaye Piyasası Kanunu'nda(Exchange Act of 1934) yer alan Net Sermaye Kanunu"nun NRSRO kapsamında değiştirilmesini önermiştir. Bu kanun teklifi 30 Aralık 1997 yılında çıkarılmıştır (Hill, 2004: 53)[79].

Büyük şirketlerin iflaslarından sonra, 2002 yılı Ocak ayında ise "Resmi Sorunlar Senato Kurulu(Senate Committee on Governmental Affairs)" KDK'ların başarısızlıklarını değerlendirmek için bir rapor hazırlamıştır. Rapor sonucuna göre KDK'ların kaliteli derecelendirmelerde bulunmadıklarına ve derecelendirme sırasında titiz davranmadıklarına karar verilmiştir (Hur, 2014: 73). KDK'ların eksiklikleri göz önünde bulundurularak iyileştirmeye yönelik önerilerde bulunulmuştur.

ABD, 2002 yılında Sarbanes-Oxley Yasası'nı(Sarbanes-Oxley Act- SOX) yürürlüğe koymuş, sermaye piyasasında KDK'ların rol ve işlevlerine ilişkin incelemelerin SOX Yasası'nın 702. maddesi gereğince yapılmasını zorunlu kılmıştır. SOX Yasası, KDK'lardan piyasaya bilgi akışını artırmak, kredi derecelendirme sektörüne girişin önündeki engelleri kaldırmak, KDK'ların karşılaştığı çıkar çatışmalarını önlemek için çalışma ölçüleri sağlamıştır[80].

3 Ocak 2003 yılında, SEC, "Enron'un Kredi Derecelendirmesi: Şirket Bankacı'larının Moody's ve Hükümet Yetkilileriyle İlişkisi" isimli bir rapor yayımlamıştır. Bu raporda Senato Kurulu, Enron'un çöküşü sırasındaki Moody's'in yanıltıcı notlarına dikkat çekmiştir. Daha sonra aynı yıl Haziran ayında SEC, "Derecelendirme Kuruluşları ve Menkul Kıymetler Yasası Kapsamında Kredi Notlarının Kullanımı" adlı açıklama yayınlamıştır. 2004 yılında yayınlanan IOSCO Kuralları kapsamında ise yatırımcının korunması,

---

[79] http://papers.ssrn.com/sol3/papers.cfm?abstract_id=452022 (08.12.2014).
[80] http://www.sarbanes-oxley-act.biz/SarbanesOxleySection702.htm (08.12.2014).

sermaye piyasalarının etkinliğinin ve şeffaflığının artırılması, sistemik riskin düşürülmesi hedeflenmiştir. Akabinde 2006 yılındaki kongrede "The CRA Duopoly Relief Act" önerilmiş, Temmuz ayında Temsilciler Meclisi'nde(House of Representatives) yapılan oylamayla tasarı geçmiş fakat Başkan Bush'un imzası olmadığı için yasalaşamamıştır.

ABD'de KDK'lar Ulusal Olarak Tanınan İstatistiksel Derecelendirme Kuruluşları (NRSRO)'na tabi olmak için SEC tarafından konulan kapsamlı güvenlik inceleme kurallarını yerine getirmek zorundadırlar. Bahsedilen SEC kuralları, IOSCO Kodu'nun birçok unsurunu içermektedir. NRSRO sistemi, 1975 yılında tanıtılmış ve temel olarak 2006 yılında revize edilmiştir. NRSRO olarak onaylanma süreci aynı zamanda kayıt süreci olmuştur.

2008 yılından itibaren, KDK'lar açıklama yapma konusunda SEC gözetimine tabi olmuş ve bu nedenle kuruluşların sorumlulukları artmıştır. SEC tarafından konulan standartlara uyum açısından KDK'lar sorumlu tutulmaktadır. Kurallar gizli bilgilerin kötüye kullanımını, çıkar çatışmalarının yönetimini, belli uygulama yasaklarını, uyum görevlisi atanması ve kuruluşların finansal gelişmelerinin açığa çıkarılmasını kapsamaktadır. SEC'in sahip olduğu yetkiler, KDK'ları bu kurallara itaate zorlamaktadır. Bu nedenle ABD'deki düzenlemeler IOSCO Kodu'na göre biraz daha ileri boyuttadır. Örneğin, ABD denetçileri tarafından yayımlanan hukukta veya düzenlemelerde yer alan bazı hükümler, Avrupa Birliği'nde olduğundan daha sıkı bir etkiye sahiptir (Utzig, 2010: 8).

1.2.2. Kredi Derecelendirme Kuruluşu Reform Yasası (Credit Rating Reform Act)

29 Eylül 2006'da dönemin başkanı Bush'un imzasıyla Kredi Derecelendirme Kuruluşu Reform Yasası (Credit Rating Agency Reform Act) yürürlüğe girmiştir. KDK Reform Yasası, Enron gibi yüksek notlara sahip şirketlerin çöküşünden sonra kanunlaştırılmış, gelecekte benzer hatalarla karşılaşılmasını önlemek ve KDK'ları düzenlenmek için tasarlanmıştır. KDK

Reform Yasası denetimi, şeffaflığı ve rekabeti arttırarak, yatırımcı yararına derecelendirme kalitesinin sağlanmasını amaçlamaktadır (Hur, 2014: 77).

Sermaye Piyasası Kanunu'nun 17. Bölümü bu yasa gereğince değiştirilmiştir. Sadece kredi derecelendirmeye ilişkin bağımsız bir yasanın yürürlüğe girmesi nedeniyle bu yasa kritik bir öneme sahiptir. ABD'de KDK'larla ilgili eleştirilerin zirveye ulaştığı bir dönemde, KDK Reform Yasası uygun ve yerinde bir karar olmuştur. Kredi Derecelendirme Kuruluşu Reform Yasası çerçevesinde kriterler önemli ölçüde katılaştırılmış ve KDK'lar tarafından karşılanmıştır (ABD Kongresi, 2006). KDK Reform Yasası'nda KDK'ların resmi bir açıklama yapmadan derecelendirmeye ilişkin bilgi sızdırmaları halinde, NRSRO olma niteliğini kaybedecekleri belirtilmiştir. NRSRO'ların kural ihlallerinin mahiyetine göre, faaliyet ve fonksiyon alanlarında 12 ayı aşmamak kaydıyla sınırlamalar getirilebilecektir[81].

Kredi Derecelendirme Kuruluşları Reform Yasası'nın piyasaya sunulmasından bu yana kayıtlı KDK'ların sayısında önemli bir artış olmuştur. Reform Yasası'nın sadece NRSRO'ya kayıtlı olan KDK'ları ilgilendirdiği belirtilmiş, piyasada tutunabilirlik açısından diğer KDK'lar da kayıt için NRSRO'ya başvurmuşlardır. Ayrıca bu yasayla NRSRO'ya kayıt şartları da esnetilmiş ve hafifleştirilmiştir. ABD'de derecelendirme kuruluşları için iki ayrı tanım kullanılmaktadır. Kredi derecelendirme kuruluşu, ücretsiz veya makul bir ücret karşılığında internette ya da başka kolay bir erişim yoluyla derecelendirme işi yapan örgüttür. NRSRO ise, SEC'e tescil için bavurduğunda en az üç yıl üst üste derecelendirme kuruluşu olarak çalışmış olan ve SEC tarafından tanınan derecelendirme kuruluşudur. Aynı işi yapan kuruluşlar için tanım ayrımı bile yapılması NRSRO'ya kayıtlı olmayan diğer KDK'ları tescil için SEC'e başvurmaya teşvik etmiştir (IOSCO, 2010: 16). 2008 öncesinde NRSRO olarak sadece beş[82] KDK varken, KDK Reform Yasası sayesinde 2008 Eylül ayı

---

[81] https://www.sec.gov/divisions/marketreg/ratingagency/cra-reform-act-2006.pdf (07.02.2015).
[82] S&P, Moody's, Fitch, DBRS,A.M. Best'tir.

itibariyle NRSRO'ya kayıtlı KDK sayısı on olmuştur (Bknz:2-Kredi Derecelendirme Kuruluşları'nın Tarihsel Gelişimi).

1.3. KREDİ DERECELENDİRME KURULUŞLARI'NA YÖNELİK AVRUPA BİRLİĞİ ÜLKELERİ'NDEKİ DÜZENLEMELER

2008 Finansal Krizi öncesi, Avrupa'da sistem IOSCO Kodu şeklinde belli denetimler dâhilinde kendi kendini düzenlemeye dayanmaktaydı. IOSCO öncesi, 2002 yılı Nisan ayında, Avrupa Komisyonu, İktisadi ve Mali İşler Konseyi [83] (Economic and Financial Affairs Council-ECOFIN)'ni KDK sorunlarının analizi için görevlendirmiştir. Yaklaşık iki yıl sonra 2004 yılı Şubat ayında, Avrupa Parlementosu KDK'ların rolleri ve yöntemleri konusunda bir kanun çıkarmıştır (Manaigo ve Vekil, 2012: 34). Ancak 2005 yılında CESR[84](Committee of European Securities Regulators-Avrupa Menkul Kıymet Piyasa Düzenleyicileri Komitesi), Avrupa Komisyonu'na an itibariyle kredi derecelendirme sektörünün Avrupa Birliği çerçevesinde düzenlenmemesini tavsiye etmiştir. Bunun yerine, pragmatik bir yaklaşımın benimsenmesini ve KDK'ların IOSCO Davranış Kuralları'nda gösterilen standartlara nasıl uyduğunun incelenmesini önermiştir (CESR, 2005: 7). Bu nedenle CESR, gönüllü uyum temeline bağlı bir strateji hazırlamış ve Aralık 2005'te IOSCO Kuralları uygulamasını gözden geçirme sürecini özetleyen bir basın bildirisi yayınlamıştır. AB'de faaliyet gösteren başlıca KDK'lar tarafından kabul edilen bu bildiride şu üç unsura yer verilmiştir (Utzig, 2010: 8):

---

[83] ECOFIN(Economic and Financial Affairs Council- Avrupa Komisyonu İktisadi ve Mali İşler Konseyi) 28 Avrupa Birliği üye ülkelerinin Maliye Bakanları ve iktisatçıları tarafından oluşturulmuştur. Konsey, ekonomik politikaların koordinasyonu, ekonomik gözetimi, bütçe politikasının, finansal piyasaların, sermaye hareketleri ve AB üye devletlerinin diğer ülkelerle ekonomik ilişkilerinin izlenmesini kapsar.

[84] CESR(Committee of European Securities Regulators-Avrupa Menkul Kıymet Piyasa Düzenleyicileri Komitesi)'nin amacı; menkul kıymetler düzenleyicileri arasında koordinasyonu sağlamak ve Avrupa Komisyonu'na yardımcı olan danışman grubu gibi hareket etmekti. 6 Haziran 2001 yılında oluşturulan Komite, 1 Ocak 2011 yılında ESMA(European Securities and Markets Authority-Avrupa Menkul Kıymetler ve Piyasalar Otoritesi) olarak değiştirilmiştir.

- Her bir KDK'nın yıllık bilgilerinin CESR'ye gönderilmesi ve kamuya açıklanması. IOSCO Kodu'na nasıl uyulduğunun ana hatlarının ve yaşanan sapmaların gösterilmesi;
- IOSCO Kodu'nun uygulanmasıyla ilgili sorunları CESR ve KDK'lar arasında tartışmak için yıllık toplantı yapılması;
- Piyasadaki belirli bir ihraççı ile önemli bir olay meydana gelirse, KDK'ların ulusal CESR üyelerine açıklama girişiminde bulunması.

Moody's, Standard & Poor's, Fitch Ratings ve Dominion Bond olmak üzere dört KDK gönüllü olarak bu çerçeveyi kabul etmişlerdir.

2004 yılı sonlarında Avrupa Birliği Mevzuatınca sunulan Finansal Hizmetler Eylem Planı (FSAP-Financial Services Action Plan) AB üyesi ülkelerin, menkul kıymetler, bankacılık, mortgage ve tüm finansal işlemler için ayrı ayrı uyguladıkları kuralları bir çatı altında toplayan bir eylem planıdır. FSAP'nin amacı, yatırımcıların getirilerini maksimize eden rekabet gücünün olduğu fakat aşırı riskin olmadığı Avrupa Birliği'ne açık, entegre olmuş, etkin finansal piyasalar oluşturmaktır. Bu nedenle FSAP etkili bir şekilde düzenleyici kontrolleri sürdürüp, yüksek düzeyde yatırımcıyı korurken aynı zamanda şirketler üzerindeki düzenleme yükünü en aza indirmeye çalışmıştır (European Union Commission, 2006: 3).

KDK'larla ilişkili olan FSAP'de üç adet yönerge mevcuttur. Bunlardan ilki hatta en önemlisi "Market Abuse Directive (MAD-Piyasanın Kötüye Kullanılma Yönergesi)"dir. Bu yönerge piyasa manipülasyonunun ve içerden bilgi sızdırma sorununun önünü almak, finansal piyasaların bütünlüğünü sağlamak ve bu piyasalarda yatırımcı güvenini artırmak için oluşturulmuştur. Özellikle piyasanın manipüle edilmesi küresel piyasalardaki tüm ekonomik aktörler için önemli olan piyasanın şeffaflığı unsurunu önlemektedir. KDK'lar yatırımcı güveninin oluşmasına yararı olacak olan, bağımsız, objektif ve doğru kredi derecelendirme yapılabilmek için iç prosedürlere uymak zorundadırlar. Sonuç olarak derecelendirme kuruluşunun veya içerden edinilen gizli bilgilere erişimi olan bir çalışanın bu bilgilerle ticaret yapması kesinlikle yasaklanmaktadır. Ayrıca vazifesi gereği bilmesi gerekenler dışında herhangi birine içsel bilgilerin ifşa edilmesine izin verilmemektedir. Avrupa Birliği Komisyonu KDK'larla ilgili hükümlerin uygulanmasını aktif bir şekilde izleyeceğini belirtmiştir (European Union Commission, 2006: 6).

KDK'larla ilişkili olan ikinci yönerge ise bankalar ve yatırım şirketleri için yeni sermaye yeterliliği çerçevesini tanıtan "Capital Requirements Directive (CRD-Sermaye Gereksinimleri Yönergesi)"dir. CRD, Bankacılık Denetleme Basel Komitesi (Basel II) tarafından 2004 yılında kabul edilmiştir. Açıkçası bu yönerge, kuruluşların işlerini nasıl yapmalarına ilişkin düzenlemelerden ziyade sermaye gereksinimleri üzerinde durur.

AB Yönetmeliği'nin son parçası olan "Markets in Financial Instruments Directive (MiFID-Finansal Araçlar Piyasaları Yönergesi)" ve onun gelecekteki uygulama ölçütleri, söz konusu yönergede tanımlandığı gibi şirketin yatırım hizmetleri ve aktivite girişimlerini içermediğinden KDK'ların derecelendirme süreçlerine uygun değildir.

Bu kapsamlı yasal çerçeve, 2006 yılında AB'ye üye devletler tarafından devreye sokulmuştur. Tüm yönergelerin doğru bir şekilde uygulanması zorunlu tutulmuştur. Yönergelerin iç hukuka aktarılması Avrupa Birliği Komisyonu tarafından incelenmektedir (European Union Commission, 2006: 5).

1.4. KREDİ DERECELENDİRME KURULUŞLARI'NA YÖNELİK TÜRKİYE'DEKİ DÜZENLEMELER

Uluslararası KDK'lar 1990 yılına kadar gelişmekte olan ülkeleri derecelendirmiyorlardı. Bu nedenle Türkiye'nin KDK'lara ilişkin düzenlemeleri de çok eskiye dayanmamaktadır. Türkiye ilk derecelendirme notunu 1989 yılında almasına rağmen, Yankee Bond ve Japonya'da Samurai Bond ihracı nedeniyle, verilen kredi notu 1992 yılında açıklanmıştır[85]. Türkiye'de yapılan ilk yasal düzenleme 6 Mart 1997 yılı ve 22925 sayılı Resmi Gazete'de yayımlanan Seri: VIII, No: 31 sayılı "Derecelendirme Faaliyeti ile Derecelendirme Kuruluşlarına İlişkin Esaslar Tebliği" olmuştur. 4 Aralık 2003 yılı 25306 sayılı Resmi Gazete'de yayımlanan Seri: VIII, No: 40 sayılı "Sermaye Piyasasında Derecelendirme Faaliyeti ve Derecelendirme Kuruluşlarına İlişkin Esaslar Tebliği" ile, 24 Mayıs 2006 yılı ve 26177 sayılı Resmi Gazete'de yayımlanan Seri: VIII, No: 47 sayılı "Sermaye Piyasasında Derecelendirme Faaliyeti ve Derecelendirme Kuruluşlarına İlişkin Esaslar Tebliğinde Değişiklik Yapılmasına Dair Tebliğ" de 12 Temmuz 2007 tarihli ve 26580 sayılı Resmi Gazete'de yayımlanan Seri: VIII, No: 51 sayılı tebliğ ile yürürlükten kaldırılmıştır[86]. Bu tebliğe göre derecelendirme faaliyetinin kapsamı tebliğin 4. Maddesi gereğince;[87]

- "İşletmelerin derecelendirme yaptırması ihtiyaridir. Ancak, kurul tarafından gerekli görülen durumlarda derecelendirme yaptırılması zorunlu tutulabilir."
- "Derecelendirme kuruluşları, işletmelerin talepleri olmaksızın derecelendirme yapabilirler. Derecelendirme kuruluşları talebe bağlı olmayan derecelendirme çalışması ve sonuçları hakkında kamuya açıklama yapmadan önce ilgili işletmelere bilgi vermek zorundadırlar."
- "Talebe bağlı olmayan derecelendirme çalışmasına işletmenin birbirini izleyen 3 hesap dönemi süresince devam edilir. Verilen derecelendirme notu, en fazla 6 aylık dönemler itibariyle gözden geçirilerek, kamuya açıklanır."

[85] http://t24.com.tr/haber/10-soruda-kredi-derecelendirme-kuruluslari-ne-yapiyor-kararlari-neden-onemli-niye-tartisiliyorlar,271402 (13.12.2014).
[86] http://www.turkrating.com/spk-mevzuat/ (13.12.2014).
[87] http://www.spk.gov.tr/apps/teblig/displayteblig.aspx?id=313&ct=f&action=displayfile (14.12.2014).

- "Talebe bağlı olmayan derecelendirmelerde, müşteriden veya diğer kişi, kurum ve kuruluşlardan varsa sağlanan veya sağlanması öngörülen ücret ve benzeri menfaatlerin, derecelendirme kuruluşları tarafından derecelendirme notu ile birlikte kamuya açıklanması zorunludur."

Düzenleyici kuruluşlardan Bankacılık Düzenleme ve Denetleme Kurumu(BDDK)[88] piyasalarda güven ve istikrarı sağlamak, tasarruf sahiplerinin haklarını korumak, kredi sisteminin aktif bir şekilde çalışmasına ortamı hazırlamak için 31 Ağustos 2000 tarihinde kurulmuştur. Bankalar ve banka dışı mali kurumların kurulması için BDDK'ya başvurmaları gerekmektedir. Banka dışı kurumlar olarak KDK'lar da kurulma ve faaliyette bulunmak için BDDK'ya başvurularını yapıp, gerekli izinleri sağlamalıdırlar. Uluslararası KDK'lar da BDDK'nın onayı olmadan bankalar ile ilgili derecelendirmelerde bulunamazlar (Karagöl ve Mıhçıokur, 2012: 25). SPK tarafından da ABD'de SEC'in uygulamış olduğu NRSRO sistemi benzeri, KDK'lara ulusal kredi derecelendirme kuruluşuna kabul süreci uygulanır. Kurula başvuran KDK'ların faaliyetlerinin kapsamı ve süresi, müşterileri, faaliyet gösterdikleri ülkeler ile bu ülkelerin yetkili otoriteleri tarafından kabul görüp görmedikleri değerlendirmeye alınarak ulusal derecelendirme kuruluşu olarak listeye alınır. Derecelendirme faaliyetiyle yetkili kuruluşlara ilişkin tablo şu şekildedir:

[88] BDDK(Bankacılık Düzenleme ve Denetleme Kurumu), Türkiye'nin uzun vadeli büyümesine ve istikrarına katkıda bulunmak amacıyla 31 Ağustos 2000 tarihinde kurulmuş özerk bir kurumdur. Türkiye'de tasarruf sahiplerinin hak ve menfaatlerini korumak, bankalar ve özel finans kurumlarının piyasa disiplini içerisinde sağlıklı, etkin, rekabet edebilir yapıda işleyişi için uygun ortamı yaratma misyonundadır.

Tablo 14. SPK Tarafından Yetkilendirilen Kredi Derecelendirme Kuruluşları

Türkiye'de Kurulan ve SPK Tarafından Yetkilendirilen Derecelendirme Kuruluşları	**Türkiye'de Derecelendirme Faaliyetinde Bulunması Kurulca Kabul Edilen Uluslararası Derecelendirme Kuruluşları**
Fitch Ratings Finansal Derecelendirme Hizmetleri A.Ş.	Standards and Poor's Corp.
JCR Avrasya Derecelendirme A.Ş.	Moody's Investor Service Inc.
TCR Kredi Derecelendirme Hizmetleri A.Ş.	Fitch Ratings Ltd.
Saha Kurumsal Yönetim ve Kredi Derecelendirme Hizmetleri A.Ş.	
Kobirate Uluslararası Kredi Derecelendirme ve Kurumsal Yönetim Hizmetleri A.Ş.	
TURKRATING İstanbul Uluslararası Derecelendirme Hizmetleri A.Ş.	

Kaynak:http://www.spk.gov.tr/indexcont.aspx?action=showpage&menuid=6&pid=10&subid =1 (12.12.2014).

2. 2008 FİNANSAL KRİZ SÜRESİNCE KDK'LARA YÖNELİK DÜZENLEMELER

2008 Finansal Krizi'ne KDK'ların etkisi tartışma konusu olmuştur. Krizin derinleşmesinde büyük rol oynayan KDK'lar, var olan düzenlemelerin revizyonları ve yeni düzenlemelerle karşımıza çıkmıştır.

2.1. FİNANSAL KRİZ SÜRESİNCE KDK'LARA YÖNELİK ULUSLARARASI DÜZENLEMELER

IOSCO, G20[89] zirvesi, Finansal İstikrar Kurulu(Financial Stability Board-FSB) ve Basel Komitesi, KDK'ları düzenlemek için yeni kurallar ve hükümler

[89] G20(Group of 20), dünyanın en büyük ekonomileri arasında yer alan 19 ülkeden ve Avrupa Birliği Komisyonu'ndan oluşur. G20 zirvelerinde uluslararası finansal istikrarın arttırılmasına ilişkin görüşme ve çalışmalar yapılmaktadır. G20 üyesi ülkeler; Almanya, ABD, Arjantin, Avustralya, Brezilya, Çin, Endonezya, Fransa, Güney Afrika, Güney Kore, Hindistan, İngiltere, İtalya, Japonya, Kanada, Meksika, Rusya, Suudi Arabistan, Türkiye ve Avrupa Birliği Komisyonu'dur. 2015 yılında G20 zirvesi Türkiye'nin Antalya şehrinde toplanacaktır.

oluşturmuşlardır. Krizin etkileri hissedilir hissedilmez, KDK'lara ilişkin hükümler gözden geçirilmiştir. Düzenlemeye ihtiyaç duyulması bile yaşanan 2008 finansal krizinde KDK'ların etksinin yadsınamaz derecede olduğunu göstermektedir.

2.1.1.IOSCO Kodu Revizyonu

2008 yılında yaşanan finansal kriz; finansal düzenleyicileri, IOSCO Kodu hükümlerinin yetersiz olduğu kararına ulaştırmıştır. Sonuç olarak IOSCO Kodu 2008 yılında revize edilmiştir. Yapılan değişikliklerle, yapılandırılmış finansal ürünler konusunda KDK'ların faaliyetleriyle ilgili ortaya çıkan sorunların giderilmesi amaçlanmıştır. IOSCO Kodu'nda hala metodolojilerle ilgili belirli kurallar olmamasına rağmen, hem yatırımcı hem de düzenleyicilerin derecelendirmenin iç yüzünü anlamasına ve KDK'lara aşırı bağımlılıktan kaçınılmasına yönelik kapsamlı açıklamalara yer verilmiştir. IOSCO Kodu'nda yer alan belli başlı değişimler madde madde sıralanmıştır (IOSCO, 2008 Mayıs: 4-15).

Derecelendirme sürecinin kalite ve bütünlüğünü korumak için genel olarak :

- KDK'ların derecelendirdiği yapılandırılmış finansal ürünlere ilişkin KDK analistlerinin öneri ve tavsiyelerde bulunması yasaklanmalı,
- Derecelendirme için gerekli olan kaliteli bilgi sağlanmalı ve derecelendirmenin sınırlamaları hakkında kullanıcılar bilgilendirilmeli,
- Kullanılan model ve metodolojiler, belirli aralıklarla gözden geçirilmeli,
- Karar verme sürecinde nesnel bir şekilde yürütülen derecelendirme sağlanmalı,
- Derecelendirme analistlerinin uygun bilgi ve deneyime sahip kişiler olması sağlanmalı,

- Yapılandırılmış ürünler için derecelendirme fizibilitesini gözden geçirmeyi amaçlayan prosedürler oluşturulmalı,
- Yapılandırılmış finansal ürünlerin derecelendirilmesi için belirlenen metodolojiler ve modeller sağlanmalı.

IOSCO Kodu'na eklenen yeni kurallar çerçevesinde KDK'lar;

- 1.7.1. "Derecelendirme tayininde kullandığı bilginin güvenilir bir derecelendirmeyi destekleyecek yeterli kalitede olması gerektiğini benimsemelidir. Eğer derecelendirme, sınırlı tarihi veri sunan finansal bir ürün türünü içeriyorsa (örneğin yenilikçi finansal bir araç) KDK, derecelendirmenin sınırlılıklarını göze çarpan bir biçimde netleştirmelidir".
- 1.7.2."Metodolojileri, modelleri ile ilgili önemli değişiklikleri periyodik olarak gözden geçirmek için titiz, kurallara uygun bir gözden geçirme fonksiyonu oluşturmalı ve hayata geçirmelidir".
- 1.7.3."Yapılandırılmış bir ürünün temelini teşkil eden varlıkların risk özelliklerinde önemli ölçüde değişim olduğunda; mevcut metodoloji ve modellerin yapılandırılmış ürünlerin kredi derecelendirmelerini belirlemede uygun olup olmadığını değerlendirmelidir. Yeni bir tür yapılandırılmış ürünün karmaşıklığı, yapılandırılmış ürünler hakkında sağlıklı veri eksikliği, KDK'nın güvenilir bir kredi derecelendirmesi düzenleyip düzenleyemeyeceğine dair ciddi soru işaretleri doğuruyorsa; KDK, kredi derecelendirmesi yayınlamaktan geri durmalıdır."
- 1.9.1."İlk derecelendirmeleri belirlemede ve yapılandırılmış finansal ürünleri takip eden izleme faaliyetlerinde ayrı analiz ekipleri kullanıyorsa, her takım kendi göreceli fonksiyonlarını zamanında gerçekleştirmek için gerekli uzmanlık seviyesine ve kaynaklara sahip olmalıdır."
- 1.14.1."Analistlerini, kendinin derecelendirdiği yapılandırılmış finans ürünlerinin tasarımını dikkate alan teklif ve tavsiyelerden uzak tutmalıdır."

KDK'nın bağımsızlığını sağlamak ve çıkar çatışmalarından kaçınmak için:

- 2.5."Bir KDK, neleri ek iş faaliyeti olarak dikkate aldığını, neleri dikkate almadığını ve bunun nedenlerini açıklamalıdır".

- 2.8.b." Bir KDK, tek bir ihraççıdan, proje sahibinden, düzenleyiciden, müşteriden ya da aboneden (bunların iştiraklerini de içerecek şekilde) yıllık gelirinin yüzde 10 ve daha fazlasını elde ediyorsa bunu açığa vurmalıdır."

- 2.8.c."KDK'lar yapılandırılmış finansal varlık ihraççılarını ve düzenleyicilerini, bu ürünlere ilişkin tüm bilgileri halka açıklamaları yönünde desteklemelidir. Böylece yatırımcılar ve anlaşma yapılmamış olan KDK'lar da kendi analiz yöntemlerini uygulayabilirler. KDK'larda derecelendirdikleri yapısal ürünler hakkındaki bilgilerin halka açık olup olmadığını derecelendirme duyurularında belirtmelidirler."

- 2.11.b."Bir KDK, ücret politikalarının ve uygulamalarının KDK'nın derecelendirme sürecinin nesnelliğini tehlikeye düşürmeyeceğini temin etmek için, derecelendirme sürecinde katılımı olan yada bir şekilde etkisi olan KDK analistlerine ve diğer çalışanlara ait resmi, periyodik ücret politika uygulamalarını gözden geçirmelidir."

KDK'ların yatırımcılara ve ihraççılara sorumlulukları için:

- 3.5.a."Bir KDK, yapılandırılmış bir finansal ürünü derecelendirdiği durumda, ürüne yatırım yapmasına fırsat verilmiş olan bir yatırımcının KDK'nın derecelendirme dayanağını anlayabilmesini teminen, yatırımcılara ve/veya abonelere (KDK'nın iş modeline bağlı olarak) zarar ve nakit akışı analizi hakkında yeterli bilgiyi sağlamalıdır. Yapılandırılmış bir finansal ürünün derecelendirmesinin KDK'nın temel teşkil eden derecelendirme varsayımlarındaki değişimlere ne kadar duyarlı olduğunu analiz etme derecesini de açığa vurmalıdır."

- 3.5.b."Bir KDK, yapılandırılmış finansal ürünlerin derecelendirmelerini, tercihen farklı bir derecelendirme sembol dili yoluyla, geleneksel kurumsal tahvil derecelendirmelerinden farklılaştırmalıdır. Bu farklılaştırmanın nasıl işleyeceğini de açığa vurmalıdır. Belirli bir derecelendirme sembolünü net olarak tanımlamalı ve bunu, bu sembolün atandığı tüm menkul değer türleri için tutarlı bir biçimde uygulamalıdır."
- 3.5.c. " Bir KDK kredi derecelendirmenin ne olduğu ve limitleri hakkında yatırımcıya yardımcı olmalıdır. İhraççı tarafından kendisine verilen bilgilerin sınırlarını ve niteliklerini açıkça göstermelidir."

Yönetim kurallarının açığa vurulması ve piyasa katılımcılarıyla iletişim için:

- 4.3."Bir KDK, web sitesi ana sayfasında görünür bir şekilde (1) KDK'nın yönetim kuralları; (2) kullandığı metodolojilerin bir açıklaması ve (3) KDK'nın tarihi performans verileri hakkında bilgi linklerini yayınlamalıdır."

IOSCO Kodu revizyonu uluslararası denetçiler tarafından finansal krize verilen son cevap değildir (IOSCO Kodu 2008 yılı Mayıs ayında revize edilmiştir). 2008 yılı Temmuz ayı sonunda, IOSCO(2008b) IOSCO Kodu'nun öngördüğü şekilde olası işbirliğini keşfetmeyi duyuran bir açıklama yayınlanmıştır. Eylül ayında ise düzenleme gereksinimi şu açıklamayla en son noktaya ulaşmıştır: "IOSCO KDK'ların faaliyetlerini izleyen, tutarlı, küresel bir düzenleme yaklaşımı benimsemektedir. Yönetmelik çerçevesinde herhangi bir bozulmanın ürün derecelendirmesinde problemlerin tekrarlanmasına neden olduğunda IOSCO Davranış Kuralları, düzenleyici bir uzlaşma ile durumu değerlendirmeye zorlamaktadır (IOSCO, 2008c). Mali denetçiler de böylece KDK'lar için resmi düzenleme yolunu açmışlardır (Utzig, 2010: 13).

2.1.2. G20 ve Finansal İstikrar Kurulu(Financial Stability Board-FSB) Düzenlemeleri

2008 Finansal Krizi'nin yaşandığı yıl 15 Kasım 2008'de Washington D.C.'de yapılan G20 zirvesinde krize neden olan dinamikler görüşülmüş, finansal piyasalarda yapılması gereken düzenlemeler değerlendirilmiştir. KDK'lara ilişkin gözetimin artırılacağı, kabul edilmiş olan IOSCO Kodu ile uyumlu hareket edileceği belirtilmiştir. 31 Mart 2009'da yapılan görüşmede düzenleyicilerin çıkar çatışmalarını önlemek, yatırımcılara ve ihraççılara daha fazla açıklama sağlamak, karmaşık ürünlerin derecelendirmesini farklılaştırmak için adımlar atması gerektiği dile getirilmiştir. KDK'ları uluslararası menkul kıymet düzenleyicilerinin yüksek standartlarına ulaştırmayı hedeflemişlerdir. Bu hedeflere ulaşabilmek için KDK'ların standartlara uygunluğunu izleyen bir kurul oluşturma kararı alınmıştır. Bu şekilde uygun gözetim ve doğru teşviklerle KDK'ların piyasalara tarafsız bilgi ve değerlendirmeler sağlamalarına yardımcı olmuş olacaklardır [90].

2009 yılı Nisan ayında Londra'da yapılan G20 zirvesinde Finansal İstikrar Kurulu(Financial Stability Board-FSB) kurulmuştur. Aynı yıl Eylül ayında Pittsburgh'ta toplanan G20 üye ülkelerinin devlet başkanları uluslararası finansal düzenleme reformlarını teşvik edecek FSB'nin hedeflerini, örgütsel yapısını içeren FSB şartnamesini onaylamışlardır [91].

2.1.3.Basel II.S (2.5) Düzenlemeleri

Basel Komitesi, 2008 krizinin yaşandığı dönemlerde Basel II'nin yetersiz olduğu alanları tespit ederek kısa vadeli çözümler üretmeye çalışmıştır. 2009 yılı Temmuz ayında "Basel II Çerçevesinde İyileştirmeler", "Basel II Piyasa Riski Çerçevesinde Değişiklikler ve "Alım Satım Hesaplarındaki İlave Riskin Hesaplanmasına İlişkin Rehber" adında yeni düzenlemeler yayınlamıştır.

---

[90] http://www.g20.utoronto.ca/2008/2008declaration1115.html (11.12.2014).
[91] http://www.financialstabilityboard.org/about/history/ (11.12.2014).

Özünde Basel II'de bir takım değişiklikler içermesi nedeniye Basel II.S olarak anılmaya başlamıştır (BDDK, 2012: 1). Yapılandırılmış finansal varlıklara yatırım yapanların sadece kredi derecelendirme kuruluşlarının vermiş oldukları notlara bakarak yatırım yapması büyük kayıplara neden olmuştur. Çünkü o dönemde KDK'ların hatalı notlar verdikleri ispatlanmıştır (SEC, 2014: 11).

Basel II.S ile birlikte menkul kıymetleştirme ve yeniden menkul kıymetleştirmeler arasındaki risk farklılığına değinilmiştir. Yeniden menkul kıymetleştirme pozisyonunda menkul kıymetleştirilmiş olan söz konusu varlığın yeniden menkul kıymetleştirilmesi riski artırdığı için, bu ürünlere daha yüksek risk ağırlığı uygulanmasını şart koşmuştur. Özetle, finansal varlıkların bir araya getirildiği havuzlarda, içinden en az birinin menkul kıymetleştirilmiş olması yeniden menkul kıymetleştirme pozisyonuna örnektir. Kredi riski belirlerken "Standart Yaklaşım"ı kullanan bankalar, KDK'ların vermiş oldukları notlara bağlı olarak menkul kıymetleştirme pozisyonları için risk sermaye yükümlülüğünü aşağıdaki tablo yardımıyla belirlerler(BDDK, 2012: 12).

Tablo 15. Menkul Kıymetleştirme Pozisyonları için Spesifik Risk Sermaye Yükümlülüğü

Kredi Derecesi	**AAA ile AA- arası**	**A+ ile A- arası**	**BBB+ ile BBB- arası**	**BB+ ile BB- arası**	**BB-'nin altı**
Menkul Kıymetleştirme	%1,6	% 4	% 8	% 28	Sermayeden indirim
Yeniden Menkul Kıymetleştirme	%3,2	%8	% 18	% 52	Sermayeden indirim

Kaynak: BDDK, 2012. Sorularla Basel 2.5.

2.2. FİNANSAL KRİZ SÜRESİNCE KDK'LARINA YÖNELİK AMERİKA BİRLEŞİK DEVLETLERİ VE SEC DÜZENLEMELERİ

ABD'de finansal piyasalar düzenlemelerinden sorumlu olan SEC, finansal kriz süresince KDK'larına ilişkin düzenlemelerini sürdürmüştür. İlk olarak 2008 yılı Haziran ayında derecelendirme sürecine ilişkin eksikliklerin ana hatlarını gösteren bir rapor sunmuştur. Hemen akabinde NRSRO'ya kayıtlı derecelendirme şirketlerinin metodolojilerindeki şeffaflığı artırmayı amaçlayan, derecelendirme performanslarının açıklanmasını güçlendiren, çıkar çatışmalarından kaçınılmasını sağlayan, NRSRO kapsamında kayıt tutmayı arttıran yeni kurallar tasarlanmıştır. NRSRO kapsamındaki KDK'lardan ihraççı ödemeli her bir derecelendirme sınıfından %10' unun rastgele örneklem seçimi ile seçilip, derecelendirme geçmişlerinin kamuya açık hale getirilmesi istenmiştir.

IOSCO'nun derecelendirmelerde açıklık ve bütünlük ilkesi gereği SEC; NRSRO'ların mevcut ve geçen 1, 3 ve 10 yıllık derecelendirme performanslarının halka açık olmasını şart koşmuştur. Ayrıca NRSRO'lara yılda 5 veya 6 kez finansal raporlarını SEC'e sunma zorunluluğu getirilmiştir. Müşterilerinin lehine veya aleyhine neden olacak şekilde derecelendirme aşamalarının değiştirilmesi kesinlikle yasaklanmıştır. IOSCO'nun bir diğer ilkesi olan bağımsızlık ve çıkar çatışmaları gereğince, ihraççıların anlaşma yaptığı KDK'dan analisti belirleme hakları kaldırılmıştır. SEC'in isteğine göre NRSRO'lar, en çok gelir elde ettiği müşterilerinin listesini sunmak zorundadırlar. Derecelendirme notunun ihraççının onayı olmadan ve internette yayımlanmadan üçüncü kişilerin bilgisine sunulmasının cezai işlem gerektireceği belirtilmiştir (IOSCO, 2010: 20-33).

2.3. FİNANSAL KRİZ SÜRESİNCE KDK'LARA YÖNELİK AVRUPA BİRLİĞİ ÜLKELERİ'NDEKİ DÜZENLEMELER

Finansal krizin patlak vermesinin ardından Avrupa Birliği Komisyonu kredi derecelendirme ile ilgili sorunlar hakkında CESR'nin bir rapor hazırlamasını istemiştir. CESR'ye aşağıdaki konulara odaklanması talimatı verilmiştir(Utzig, 2010: 14).

- Derecelendirme metodolojilerinin şeffaflığının sağlanması,
- KDK'ların personel sayısı ve uzmanlıklarının standardı,
- Derecelendirme faaliyetlerinin düzenli incelenmesi ve güncelliği,
- Potansiyel çıkar çatışmaları, (KDK'ların ücretlendirme şeması gibi)

CESR (2008) KDK'ların düzenlenmesi için şu önerilerde bulunmuştur (Utzig, 2010: 14);

- IOSCO Kodu asgari standart olmalıdır,
- Uyum takibi yapmak ve IOSCO temelinde KDK'ların standartlarını belirlemek için uluslararası bir kurul kurulmalıdır,
- IOSCO Kodu'ndan sapan KDK'ların isimleri kamuya açıklanmalıdır,
- KDK'lar derecelendirmeyle ilgili gerekli bilgileri gerektiğinde sunmalıdır.
- Avrupa Birliği Komisyonu, süreci mümkün olduğunca çabuk harekete geçirmelidir.

Raporda CESR (2008: 3): "Kredi derecelendirme sektörüne yönelik çalışmalar incelendiğinde, riske dayalı menkul kıymetler(ABD subprime backed securities)'den kaynaklı düzenleme ihtiyacının oluştuğuna dair herhangi bir kanıt yoktur. Bu nedenle CESR piyasanın yönlendirdiği gelişmeleri desteklemeyi sürdürecektir" ifadesi kullanılmıştır.

Avrupa Birliği Komisyonu tarafından 2011 yılında CESR'nin yerine ESMA kurulmuştur. Avrupa Birliği Komisyonu ESMA'dan (The European Securities and Markets Authority-Avrupa Menkul Kıymetler ve Piyasalar Otoritesi) menkul kıymetler piyasasında kredi derecelendirmelerin incelenmesini istemiştir.

ESMA, KDK'ların güven kaybı sorunlarını kendilerinin çözmesi gerektiğine inandığını ve yasal bir düzenlemeyle kredi derecelendirme kuruluşlarının güvenilirliğinin sorgulanmamasının sağlanabileceğini savunmuştur. Bu nedenle ESMA, IOSCO Kodu'nun tekrar gözden geçirilmesini, yapılandırılmış finansal ürünlerin derecelendirilmesinde gün yüzüne çıkan problemlere çözüm getirmek için hükümler eklenmesini tavsiye etmiştir. Ayrıca IOSCO Kodu'nun KDK'ların kurumsal yönetimini dışarıdan izlemesiyle tamamlanabileceğini ve bir danışman grubunun da ESMA'ya rapor etmesi için kurulmasının uygun olacağını belirtmiştir (Utzig, 2010: 14). IOSCO Kodu gereğince, KDK'ların derecelendirdikleri kurumlara danışmanlık hizmeti vermesi yasaklanmıştır. İhraççıların KDK'lara derecelendirme karşılığında ödediği tutarın, işlemin gerektirdiğinden fazla olmaması belirtilmiştir. Ayrıca IOSCO'nun şeffaflık ilkesi gereği KDK'ların resen yapmış olduğu derecelendirmelerde uyguladıkları prosedürlerin halka açıklanması şartı getirilmiştir (IOSCO, 2010: 25-28).

AB ülkelerinde faaliyet gösteren KDK'ların tescillenmesini zorunlu tutan ilk düzenleme CRAI (Regulation No 1060/2009) ismiyle 7 Aralık 2009 yılında uygulanmaya başlanmıştır. Fakat tescillenme işleminin kim tarafından denetleneceği belirlenmemiştir (Manaigo ve Vekil, 2012: 35).

3. 2008 FİNANSAL KRİZİ SONRASINDAKİ DÜZENLEMELER

Kriz öncesi ve süresince yapılan düzenlemeler, krizin etkileri netlik kazandıktan sonra tekrar gözden geçirilmiş, akabinde yeni düzenlemeler oluşturulmuştur. Yapılan düzenlemeler hem uluslararası hem de bazı ülkeler ve bölgeler bazında aşağıdaki başlıklarda incelenmiştir.

3.1. FİNANSAL KRİZ SONRASI KREDİ DERECELENDİRME KURULUŞLARI'NA YÖNELİK ULUSLARARASI DÜZENLEME DEĞİŞİKLİKLERİ

Krizin etkilerinin azaldığı 2010 yılı itibariyle Uluslararası Kuruluşlar tarafından çalışmalar yapılmış ve eylem planları hazırlanmıştır. Finansal İstikrar Kurulu (FSB) ve Basel Komitesi'nin hazırladığı Basel III kriterleri' nin KDK'larla ilişkili olan bölümleri aşağıda belirtilmiştir.

3.1.1.Finansal İstikrar Kurulu(Financial Stability Board-FSB) Düzenlemeleri

Finansal Kriz sonrasında kurulan Finansal İstikrar Kurulu (Financial Stability Board-FSB), 27 Ekim 2010 yılında kanun, düzenleme ve yönetmeliklerde yer alan KDK'lara bağımlılığı azaltan "KDK'lara Bağımlılığı Azaltmak için İlkeler" adlı bir rapor yayımlamıştır. Hem piyasanın hem de düzenlemelerin yarattığı bağımlılığı azaltmak için, bankaların, piyasa katılımcılarının ve kurumsal yatırımcıların sadece KDK'ların yaptığı derecelendirmeye güvenmek yerine, kendi içsel kredi derecelendirmelerini yapmalarını önermişti [92]. KDK'lar üzerinde çalışmalarına devam eden FSB, 5 Kasım 2012'de "KDK'lara Olan Bağımlılığı Azaltmak İçin Yol Haritası" adlı raporu G20 ülkeleri Maliye Bakanları'na ve Merkez Bankası Başkanları'na sunmuştur. Kilit sorunun alternatif risk değerlendirme yeteneğinin ve sürecinin geliştirilmesi olduğu belirtilmiştir. Yetkililer tarafından yapılan çalışmalarda, finansal kurumları kendi yaptıkları derecelendirmeler konusunda teşvik etmenin önemi vurgulanmıştır. Gerektiğinde finansal kurumları güçlendirmek için yeni yol haritaları oluşturacaklarını beyan etmişlerdir [93]. FSB ulusal yetkililerin

[92] http://www.financialstabilityboard.org/wp-content/uploads/r_101027.pdf?page_moved=1 (12.12.2014).
[93] http://www.financialstabilityboard.org/wp-content/uploads/r_121105b.pdf?page_moved=1 (12.12.2014).

konuyla ilgili uygulamalarını bilirkişilik yaparak iki aşamada değerlendirmiştir. 2013 Ağustos ayında tamamlanan ilk aşama ulusal kanun ve düzenlemelerde KDK'lara ait durum değerlendirmesinden oluşmuştur. İkinci aşamada ise, ulusal yetkililer tarafından geliştirilen FSB yol haritası uygulamasının hareket planları üzerinde durulmuştur.

FSB'nin yaptığı çalışmalardan anladığımız üzere, gerek kanunlarla gerek piyasa tarafından KDK'lara yaratılan aşırı bağımlılık konusu üzerinde durulmuştur. Bankaları ve kurumsal yatırıcıları kendi kredibilitelerini değerlendirmeleri için teşvik etmiştir. FSB, 12 Mayıs 2014'te ise konuyla ilgili durum değerlendirme raporunu sunmuştur. Aynı tarihte yapılan basın açıklamasında FSB'nin Standart Uygulamalar Komite Başkan'ı Ravi Menon; "*Amacımız KDK'ları yok etmek değil, kredibilite değerlendirmesinde sağlam muhakeme yöntemleri oluşturmaktır. KDK notları yerine daha kapsamlı etkenler hesaba katılmalıdır. KDK'lara bağımlığı azaltan bazı ilerlemeler yaptık fakat hala tamamlanması gereken bir dizi çalışmalar var*" biçiminde açıklama yapmıştır[94].

3.1.2.BASEL III Düzenlemeleri

2008 yılında Lehman Brothers'ın iflası ve İzlanda'nın bankacılık sisteminin çökmesi sonucu Basel Komitesi, Basel II'nin eksikliklerinin belirleyip yeni bir düzenleme hazırlıklarına başlamıştır. 2009 yılı Ekim ayında Pittsburgh'da yapılan G20 zirvesinde gerekli değerlendirmeler yapılmış ve 2010 yılı Kasım ayında Seul'daki G20 zirvesinde de düzenlemelerin Basel III olarak yayımlanması uygun görülmüştür[95].

Basel III, bankaların esnekliğini artırabilmek için küresel likidite risk ölçümü ve denetiminde yeni standartlar getirmektedir. Basel II'S'un eksiklikleri

---

94 http://www.financialstabilityboard.org/wp-content/uploads/pr_140512.pdf (12.12.2014).
95 http://www.kpmg.com/global/en/issuesandinsights/articlespublications/documents/basell-iii-issues-implications.pdf (30.12.2014).

tespit edilerek yayımlanan Basel III'ün amacı; finansal ve ekonomik şoklardan kaynaklanacak riskleri sektörün daha iyi karşılamasını sağlamak ve böylece finansal sektörden reel ekonomiye yansıyacak olan kriz etkilerini azaltabilmektir. Temelde standartlar, KDK'ların not felsefesinden daha çok finans sektörünün alt yapısının sağlamlaştırılmasına yöneliktir. Ancak Basel III kapsamında ulusal denetçiler, kredi derecelendirme kuruluşlarından sağlanan derecelendirmelerin IOSCO tarafından yayımlanan "Kredi Derecelendirme Kuruluşları Davranış Kuralları"'na uygun olup olmadığını sürekli kontrol etmek zorundadırlar. Yapılan kontrol ve düzenlemelerin KDK'ların notlarına olumlu yansıması beklenmektedir. Böylece piyasa değişimlerine hızlı tepki verebilen, piyasa adaptasyonu yüksek, esnek bankacılık anlayışının güçlenmesi sağlanacaktır. 2008 finansal krizinin başlamasındaki ana neden, bankaların bilanço dışı işlemlerinin oluşmasıydı. Aynı zamanda yetersiz likidite sıkıntısı oluşmaya başlamaktaydı. Esnek bankacılık sisteminin olmayışı, krizin finansal sistemden reel ekonomiye geçişine ve kütlesel bir yıkımla sonuçlanmasına da neden olmuştur. Kamu sektörü, büyük kayıplara uğrayan sektöre ve ilgililere, görülmemiş likidite enjeksiyonu, sermaye desteği ve teminatlar sunarak ilk adımı atmıştır. Kapitalist dünyada bankalar devletleştirilmiştir. 2008 finansal krizinin merkez üssünü bankalar oluşturduğu için, yaşanan kriz ve etkileri küreselleşmiştir. Küresel düzenlemeye ihtiyaçla birlikte oluşturulan Basel III ise, likiditenin ölçülmesi ve izlenmesi konusunda kilit rol oynamaktadır (BIS, 2011: 1-2). Bilindiği gibi likidite düzenlemeleri kredi notlarına bağlıdır. Bu nedenle KDK'ların vermiş oldukları notların doğruluğu da finansal piyasalar için büyük önem arzetmektedir (Gür ve Öztürk, 2011: 71). Yüksek riskli varlıklara, yüksek oranda karşılık ayırılması gerekeceğinden 2013 ve 2019 yılları arasında kademeli olarak Basel III standartlarına uyulması beklenmektedir.

3.2.FİNANSAL KRİZ SONRASI KREDİ DERECELENDİRME KURULUŞLARI'NA YÖNELİK AMERİKA BİRLEŞİK DEVLETLERİ'NDEKİ DÜZENLEME DEĞİŞİKLİKLERİ

2008 Finansal Krizi'nin çıkış yeri olması, mevcut KDK'ların çoğunun ABD merkezli olması şüphesiz ABD' yi KDK' larla ilgili düzenlemelerin en çok yapıldığı ülke haline getirmiştir. Finansal alanda yapılan düzenlemelere krizin dinamikleri arasında yer alan KDK' larda dahil edilmiştir. Dodd Frank Yasası ile derecelendirme kuruluşlarına ilişkin düzenlemeler geliştirilmiştir. NRSRO'lar için de yeni bir elektronik sistem oluşturulmuştur.

3.2.1. Dodd Frank Yasası (Dodd Frank Act)

21 Temmuz 2010 tarihinde, ABD Başkanı Barack Obama tarafından imzalanan Dodd Frank Yasası (Dodd Frank Wall Street Reform and Consumer Protection Act), 1933 Menkul Kıymetler Yasası (Securities Exchange Act) ve 1934 Menkul Kıymetler Borsası Yasası (Securities Exchange Act)'ndan bu yana tartışmasız en önemli mali reform yasası olmuştur. Barney Frank ve Chris Dodd tarafından 2 Aralık 2009'da önerilen yasa, 16 bölümden oluşmaktadır. Temelde sermaye piyasalarına yönelik hazırlanan yasa aslında 1929 ve 2008 yılındaki Büyük Durgunluk-Finansal Kriz'e yanıt olarak hazırlanmıştır. Dodd Frank Yasası, mali düzenleyici kuruluşları güçlendirir, sistemik riskin değerlendirilmesi için bir mekanizma sağlar, yeni tüketici koruma reformları oluşturur, kredi derecelendirme kuruluşlarını ve türev ürünleri düzenler, bankaların özel sermaye ve hedge fonlara yatırımlarını sınırlar (Anand, 2011: 14).

Dodd Frank Yasası, bankacılık ve finans sektörlerini etkileyen mevzuatın önemli bir parçasıdır. Bu yasada, banka ve finansal hizmet şirketlerine yeni güç veya haklar vermek yerine yaşanan son durgunluk dönemine ilişkin sorunları gidermek için yeni düzenlemelere yer verilmiştir. ABD'de finansal piyasalarda bir güvenlik ağı olarak hizmet vermektedir. Finansal sistemde hesap verme yükümlülüğü ve şeffaflığın artırılması, Amerikan vergi mükelleflerinin korunması için kurtarma paketlerine son verilmesiyle, tüketicileri kötü finansal uygulamalardan korumasını sağlamak için ABD'de finansal istikrarın teşvik edilmesi amaçlanmıştır. Dodd Frank Yasası'nın bölümlerine aşağıdaki tabloda ayrıntılı olarak yer verilmiştir. KDK'lara ilişkin düzenlemeler "Bölüm IX(Sec 901) Yatırımcının Korunması Ve Menkul Kıymetler Düzenlemelerinin İyileştirilmesi" Alt Bölüm C kısmında yer almaktadır.

Tablo 16. Dodd-Frank Wall Street Reformu ve Tüketicinin Korunması Yasası Bölüm ve Alt Bölümler

Ana/Alt Bölüm/Madde No	**Bölüm Başlığı**
Bölüm I (Sec 101- Sec 102)	Finansal İstikrar
Alt Bölüm A (Sec 111-Sec 123)	Finansal İstikrar Gözetim Komisyonu
Alt Bölüm B (Sec 151-Sec 156)	Finansal Araştırma Ofisi
Alt Bölüm C (Sec 161-Sec 176)	Belirli Banka Dışı Finansal Şirketler ve Banka Holding Şirketleri İçin İlave Fed Yönetim Kurulu Yetkisi
Bölüm II (Sec 201-Sec 217)	Düzenli Tasfiye Yetkisi
Bölüm III (Sec 300-Sec 302)	Yetkinin OCC, Federal Mevduat Garantisi Şirketi ve FED Yönetim Kuruluna Devri
Alt Bölüm A (Sec 311-Sec 319)	Yetki ve Sorumlulukların Devri
Alt Bölüm B (Sec 321-Sec 327)	Geçici Hükümler
Alt Bölüm C (Sec 331-Sec 336)	Federal Mevduat Garantisi Şirketi
Alt Bölüm D (Sec 341-Sec 343)	Diğer Konular
Alt Bölüm E (Sec 351-Sec 378)	Teknik ve Mutabakat Sağlayan Düzenlemeler
Bölüm IV (Sec 401-Sec 416)	Serbest Fonlar ve Diğer Faaliyetlere Yönelik Yatırım Danışmanlığının Düzenlenmesi
Bölüm V	Sigorta Faaliyetleri
Alt Bölüm A (Sec 501-Sec 502)	Ulusal Sigorta Kurulu
Alt Bölüm B (Sec 511-542)	Kamusal Sigorta Reformu
Bölüm VI (Sec 601-Sec 628)	Banka ve Tasarruf Kurumları Holding Şirketleri ve Mevduat Kurumları Düzenlemelerinin İyileştirilmesi
Bölüm VII (Sec 701)	Wall Street Şeffaflık ve Hesap Verebilirlik [Düzenlemeleri]
Alt Bölüm A (Sec 711-Sec 754)	Tezgah Üstü Swap Piyasalarının Düzenlenmesi
Alt Bölüm B (Sec 761-Sec 774)	Menkul Kıymete Dayalı Swap Piyasasının Düzenlenmesi
Bölüm VIII (Sec 801-Sec 814)	Ödeme, Mutabakat ve Takas [Sistemi] Gözetimi
Bölüm IX (Sec 901)	**Yatırımcıların Korunması ve Menkul Kıymetler Düzenlemelerinin İyileştirilmesi**
Alt Bölüm A (Sec 911-Sec 919)	Yatırımcı Korunmasının Geliştirilmesi
Alt Bölüm B (Sec 921-Sec 929)	Düzenleyici Yaptırım ve Hukuk Uygulamasının (Remedy) Geliştirilmesi
Alt Bölüm C (Sec 931-Sec 939)	**Kredi Derecelendirme Kuruluşları Düzenlemelerinin Geliştirilmesi**
Alt Bölüm D (Sec 941-Sec 946)	Varlığa Dayalı Menkulleştirme Sürecinin

	Geliştirilmesi
Alt Bölüm E (Sec 951-Sec 957)	Hesap Verebilirlik ve Yönetici Ücretleri
Alt Bölüm F (Sec 961-Sec 968)	SEC Yönetiminin Geliştirilmesi
Alt Bölüm G (Sec 971-Sec 972)	Kurumsal Yönetimin Geliştirilmesi
Alt Bölüm H (Sec 975-Sec 979)	Yerel Yönetim Menkul Kıymetleri
Alt Bölüm I (Sec 981-Sec 989)	Halka Açık Şirketler Muhasebe Gözetim Kurumu, Kredili Portföy İşlemleri ve Diğer Konular
Alt Bölüm J (Sec 991)	SEC'nin Finansmanı
Bölüm X (Sec 1001-Sec 1002)	Tüketici Finansal Koruma Bürosu
Alt Bölüm A (Sec 1011-Sec 1018)	Tüketici Finansal Koruma Bürosu
Alt Bölüm B (Sec 1021-Sec 1029)	Büronun Genel Yetkileri
Alt Bölüm C (Sec 1031-Sec 1037)	Büronun Özgül Yetkileri
Alt Bölüm D (Sec 1041-Sec 1048)	Eyalet Hukukunun Korunması
Alt Bölüm E (Sec 1051-Sec 1058)	Yaptırım Yetkisi
Alt Bölüm F (Sec 1061-Sec 1067)	İşlev ve Personel Transferi; Geçici Düzenlemeler
Alt Bölüm G (Sec 1071-Sec 1079)	Düzenleyici Gelişmeler
Alt Bölüm H (Sec 1081-Sec 1100)	Mutabakat Sağlayan Düzenlemeler

Kaynak: Coşkun, Y.(b) (2010). Dodd-Frank Wall Street Reformu ve Tüketicinin Korunması Yasası Kapsamında Sistemik Risk Yönetimi ve Düzenleme İlişkisi" http://papers.ssrn.com/sol3/papers.cfm?abstract_id=2156814 (28.12.2014).

Dodd Frank Yasası 931. Bölümü'nden 939H'ye kadar "Kredi Derecelendirme Kuruluşları Düzenlemelerinin Geliştirilmesi" adlı başlıkla KDK'lara ait düzenlemeleri belirler. KDK'lara ait düzenlemeler, 2008 finansal kriz dönemi boyunca güçsüzleşmelerine neden olan çıkar çatışmalarını azaltacak bir şekilde yasada yerini almıştır.

Öncelikle bu yasa; herhangi bir NRSRO çalışanının sermaye piyasası aracı için derecelendirmede bulunurken, bir yıllık görünümü gözden geçirmesini zorunlu kılmıştır. Bu durum, NRSRO'ların iç kontrol sistemi oluşturmasını ve yıllık kontrol raporlarını SEC'e sunmalarını gerektirmektedir. KDK'lar arasındaki rekabeti artırıcı etkisi olsa da sadece NRSRO'lara dair resmi bir düzenlemedir. Yalnızca NRSRO'ların kontrol edilir olması diğer KDK'lara göre öncelikli olmalarına neden olmaktadır. Böylece ihraççı ve yatırımcılar, derecelendirme için NRSRO'ları seçerek ister istemez onların istenmeyen oligopol yapıları teşvik edilmiş olur (Hur, 2014: 80).

İkinci olarak, 1933 Menkul Kıymetler Yasası 436(g) hükmünün Dodd Frank Yasası sonrasında hiçbir etkisi kalmamıştır. Bir önceki hüküm yatırımcıları aldatmak için bilerek yanlış veya yanıltıcı notlar veren NRSRO'ları koruyarak sorumlu tutmuyordu. Dodd Frank Yasası'nda yer alan yeni hükümle yatırımcılara, KDK'lar dikkatli ve özenli bir araştırma yapmadığında, mesleki sorumluluklarını yerine getirmedikleri gerekçesiyle KDK'lara dava açabilme hakkı vermektedir. 4 Şubat 2013'te ABD hükümeti, S&P'ye kamu davası açmıştır. S&P, mortgage krizinin yaşandığı dönemde Mortgage'a Dayalı Menkul Kıymetler(MBS) ve Teminatlandırılmış Borç Yükümlülükleri(CDO) gibi yapılandırılmış finansal ürünlere yüksek notlar vererek yatırımcıları dolandırmakla suçlanmıştır. S&P'nin vermiş olduğu abartılı notlarla CDO'ların gerçek kredi risklerini saklayıp, yatırımcıların milyarlarca dolar kaybetmelerine neden oldukları iddia edilmiştir.[96] ABD'ye benzer biçimde İtalya, S&P ve Fitch'i 2011 ve 2012 yıllarında ülkenin derecelendirme notunu düşürerek, piyasaları manipüle etmekle suçlamış ve mahkemeye vermiştir[97].

Üçüncü olarak Dodd Frank Yasası, derecelendirmeye bağımlılığı azaltmayı amaçlamıştır[98]. Nitekim, birçok düzenlemede emeklilik fonlarının sadece en az yatırım yapılabilir kredi notu olan borçlanma araçlarına yatırım yapabileceği belirtilmiştir. Bu yeni kanunun açıklaması ise, yatırımcıları kendi analizlerini yapmaya teşvik ederek, derecelendirmeye olan aşırı bağımlılığı azaltmaktır. Kasım 2013 itibariyle Dodd Frank Yasası'nın 939A bölümü uyarınca, SEC kredi derecelendirmelere başvurmayı zorunlu kılan kurallarını silmiştir. Kredi derecelendirmeye alternatif oluşturabilmek için de kamu üyelerinden görüşlerini talep etmiştir[99]. İhraççı ödemeli derecelendirme sistemine alternatif üretmek için de SEC, elektronik ortamda veya dilekçe ile halkın görüşlerini belirtmelerini istemiştir. SEC KDK'lara ilişkin mevcut kurallarını silmeyi planlamaktadır. Eğer uygulanırsa, kredi derecelendirme piyasasına büyük değişiklikler

[96] http://www.justice.gov/opa/pr/department-justice-sues-standard-poor-s-fraud-rating-mortgage-backed-securities-years-leading (09.12.2014).
[97] http://tr.euronews.com/2014/10/29/italya-kredi-derecelendirme-kuruluslarindan-davaci/ (24.12.2014).
[98] http://www.cantwell.senate.gov/news/record.cfm?id=324942 (09.12.2014).
[99] http://www.sec.gov/News/PressRelease/Detail/PressRelease/1365171514902#.UtEiwfRDvIs (09.12.2014)

getirecektir. Kuralların silinmesi kredi derecelendirme için bir çözüm gibi görünse de aslında KDK'ların problemleri için bir çözüm olmayacaktır. Kredi derecelendirme zorunluluğu ortadan kalkmış bile olsa, yatırımcılar, yatırım yapacakları finansal araçların sağlamlılığı hakkında bilgi sahibi olmak için kredi derecelendirmeleri kullanmak isteyeceklerdir. Eğer SEC, kredi derecelendirme yerine bir alternatif bulursa, bu alternatifin finansal piyasalarda kurulması ve kullanılmasının da ekonomik bozulmalara neden olabileceği gündemdedir.

Sonuç olarak Dodd Frank Yasası'nın tüm KDK'ları gözetmesi, onu diğer yasalardan farklaştırmıştır. Bu yasa sadece KDK'ların oligopol yapıları ve ihraççı ödemeli sistemi kullanmaları gibi temel sorunlarını değil, genel çaplı sorunlarını da değerlendirmiştir. Yasanın kabul edilmesinden bu yana geçen 4 yıla bakıldığında yaşanan problemler çok fazla değişmemiştir. Aşağıdaki tabloda görüldüğü gibi yapılan düzenlemelere rağmen ABD'de belli başlı KDK'ların, hem işleri hem de gelirleri artmaktadır. Piyasa payını da göz önünde bulundurursak diğer KDK'ların Üç Büyükler ile rekabet etmesi oldukça zordur. NRSRO'ların gelirlerindeki yüzdelik dağılımı gösteren bu tablo durumu açıklamaktadır. Hala ihraççı ödemeli model en çok kullanılan sistemken, KDK'ların ne derece şeffaf ve doğru not verdiklerini tahmin etmek de zordur.

Tablo 17. NRSRO Gelirlerinin Yüzdelik Dağılımı

	2013	**2012**	**2011**	**2010**
Fitch, Moody's ve S&P	% 94.5	% 94.7	% 94.0	% 94.6
Diğer NRSRO'lar	% 5.5	% 5.3	% 6.0	% 5.4
Toplam	% 100	%100	% 100	% 100

Kaynak: http://www.sec.gov/ocr/reportspubs/annual-reports/nrsroannrep1214.pdf (25.12.2014).

Dimitrov, Palia ve Tang'in 2014 yılında yapmış oldukları bir çalışmada, Dodd Frank Yasası sonrasında KDK'ların daha doğru ve bilgilendirici not verdiklerine dair bir sonuca ulaşılamamıştır; aksine, daha düşük ve yanlış not verdikleri tespit edilmiştir. KDK'lar için düzenleyici önlemlerin artmasıyla maliyetlerin arttığı(düzenlemelere hakim personel yetiştirmek, eğitimleri artırmak, iş yoğunluğuna bağlı olarak çalışanların sayılarını artırmak) kredi derecelendirme kalitesinin ise düştüğü sonucuna varılmıştır (Dimitrov, Palia ve Tang, 2014: 26).

3.2.2.NRSRO (Nationally Recognized Statistical Rating Organization) Düzenlemeleri

Dodd Frank Yasası düzenlemelerine bağlı olarak NRSRO'lar derecelendirme metodolojilerinin şeffaflığını artırmak için Elektronik Veri Toplama, Analiz ve Erişim adlı EDGAR(Eloctronic Data Gathering, Analysis and Retrieval) elektronik sistemini oluşturmuşlardır. EDGAR elektronik formatta yatırımcılara, kredi derecelendirme kullanıcılarına mevcut tüm bilgileri ve geçmiş verileri; erişilebilir, ve karşılaştırılabilir formatta sunmaktadır (SEC, 2014: 52). Yerli ve yabancı tüm şirketler, EDGAR'da yer alan tüm kayıt formlarını belli periyodlarla güncellemek zorundadır. EDGAR veritabınında yer alan bilgilerin erişimi ve indirilmesi ücretsiz olarak sunulmaktadır[100].

3.3. FİNANSAL KRİZ SONRASI KREDİ DERECELENDİRME KURULUŞLARI'NA YÖNELİK AVRUPA BİRLİĞİ ÜLKELERİ'NDEKİ DÜZENLEME DEĞİŞİKLİKLERİ

2009 yılında yayımlanan CRAI(Regulation No 1060/2009) Düzenlemesi, Avrupa Birliği Komisyonu'nun yapmış olduğu görüşmeler sonucucunda 1 Haziran 2011 tarihinde CRAII (Regulation no 513/2011) ile değiştirilmiştir. AB'de faaliyet gösteren KDK'ların kaydedilmesi ve denetlenmesi için ESMA görevlendirilmiştir. Ayrıca KDK'ların çalışma yerlerinin incelenmesi ve

[100] http://www.sec.gov/edgar.shtml#.VKJyhDAkmA (30.12.2014).

KDK'lara ait bilgilerin toplanması konusunda da yetkilendirilmiştir. Tablo 18'de yer alan ESMA tarafından tescillenmiş ve sertifikalanmış KDK'lar listesinde, 12 Aralık 2014 tarihi itibariyle 31 adet derecelendirme kuruluşu vardır. Özellikle CRA II, yapılandırılmış finansal ürünlere ait bilgilerin yalnızca derecelendirme amaçlı tayin edilen kuruluş için değil, konuyla ilgilenen tüm KDK'lar için ulaşılabilir olmasını şart koşmaktadır (Borod ve Bartlam, 2012: 2). ESMA, KDK'ların derecelendirme performanslarının ve derecelendirme istatistiklerininin yayımlandığı Merkezi Havuz(Central Repository-CEREP) sistemi kurmuştur. Bu sistem kullanıcılarına KDK'ların derecelendirme faaliyetine ve performans istatistiklerine ulaşılmasını sağlamaktadır. Tüm istatistikler 6 ay ile 1 yıl arasında değişen süreler içinde yatırımcılar tarafından edinilebilmektedir[101].

Tablo 18. Tescilli ve Sertifikalı KDK'lar Listesi

Kredi Derecelendirme Kuruluşları	İkamet Ettiği Ülke	Durumu	Geçerlilik Başlangıç Tarihi
Euler Hermes Rating GmbH	Almanya	Tescilli	16 Kasım 2010
Japan Credit Rating Agency Ltd.	Japonya	Sertifikalı	6 Ocak 2011
Feri EuroRating Services AG	Almanya	Tescilli	14 Nisan 2011
BCRA-Credit Rating Agency AD	Bulgaristan	Tescilli	6 Nisan 2011
Creditreform Rating AG	Almanya	Tescilli	18 Mayıs 2011
Scope Ratings AG (previously PSR Rating GmbH)	Almanya	Tescilli	24 Mayıs 2011
ICAP Group SA	Yunanistan	Tescilli	7 Temmuz 2011
GBB-Rating Gesellschaft für Bonitätsbeurteilung GmbH	Almanya	Tescilli	28Temmuz 2011
ASSEKURATA Assekuranz Rating-Agentur GmbH	Almanya	Tescilli	18 Ağustos 2011
ARC Ratings, S.A. (previously Companhia Portuguesa de Rating, S.A)	Portekiz	Tescilli	26 Ağustos 2011
AM Best Europe-Rating Services Ltd. (AMBERS)	Birleşik Krallık	Tescilli	8 Eylül 2011
DBRS Ratings Limited	Birleşik Krallık	Tescilli	31 Ekim 2011
Fitch France S.A.S.[102]	Fransa	Tescilli	31 Ekim 2011
Moody's Investors Service Cyprus Ltd[103]	Kıbrıs	Tescilli	31 Ekim 2011
Standard & Poor's Credit Market Services	Fransa	Tescilli	31 Ekim 2011

[101] http://cerep.esma.europa.eu/cerep-static-pub/About_the_CEREP How_to_interpret_the_statistics.pdf (27.12.2014).

[102] Fitch'in tescilli olduğu diğer ülkeler; Almanya(Fitch Deutschland GmbH), İtalya(Fitch Italia S.p.A.), Polonya(Fitch Polska S.A), İspanya(Fitch Ratings España S.A.U.), Birleşik Krallık(Fitch Ratings Limited), Birleşik Krallık(Fitch Ratings CIS Limited)'tır.

[103] Moody's'in tescilli olduğu diğer ülkeler, Fransa(Moody's France S.A.S.), Almanya(Moody's Deutschland GmbH), İtalya(Moody's Italia S.r.l.), İspanya(Moody's Investors Service España S.A.), Birleşik Krallık(Moody's Investors Service Ltd), Birleşik Krallık (Moody's Investors Service EMEA Ltd)'tır.

France S.A.S.[104]			
CRIF S.p.A.	İtalya	Tescilli	22 Aralık 2011
Capital Intelligence (Cyprus) Ltd	Kıbrıs	Tescilli	8 Mayıs 2012
European Rating Agency, a.s.	Slovakya	Tescilli	30Temmuz 2012
Axesor SA	İspanya	Tescilli	1 Ekim 2012
Cerved Rating Agency S.p.A. (previoulsy CERVED Group S.p.A.)	İtalya	Tescilli	20 Aralık 2012
Kroll Bond Rating Agency	ABD	Sertifikalı	20 Mart 2013
The Economist Intelligence Unit Ltd	Birleşik Krallık	Tescilli	3 Haziran 2013
Dagong Europe Credit Rating Srl (Dagong Europe)	İtalya	Tescilli	13 Haziran 2013
Spread Research	Fransa	Tescilli	1 Temmuz 2013
EuroRating Sp. z o.o.	Polonya	Tescilli	7 Mayıs 2014
HR Ratings de México, S.A. de C.V. (HR Ratings)	Meksika	Sertifikalı	7 Kasım 2014
Egan-Jones Ratings Co. (EJR)	ABD	Sertifikalı	12 Aralık 2014

Kaynak:http://www.esma.europa.eu/page/List-registered-and-certified-CRAs (25.12.2014).

AB'de KDK'lar için düzenlemelerin üçüncü dalgasını, 20 Haziran 2013'te yürürlüğe giren CRA III(Regulation No 462/2013) oluşturmaktadır. Avrupalı yetkililerin bu yeni düzenlenlemede temel amaçları;[105]

- KDK'lara aşırı bağımlılığı azaltmak,
- Ülke borç krizi bağlamında, AB'ye üye ülkelerinin derecelendirme kalitesini artırmak,
- KDK'ların bağımsızlığını kuvvetlendirirken, çıkar çatışmalarını azaltmak(özellikle "ihraççı ödemeli model" nedeniyle oluşan),
- Kredi derecelendirme piyasasına odaklılığı azaltmak,
- Derecelendirme ve derecelendirme metodolojilerinin şeffaflığını arttırmak,
- KDK'lara yasalara uymadıklarında, cezai ve hukuki sorumluluklar yüklemektir.

Bu düzenlemeyle, ihraççının yapılandırılmış finansal ürünleri, "ihraççı ödemeli model" kapsamında derecelendiren kuruluşu, her dört yılda bir değiştirmesi gerekmektedir. Yapılandırılmış ürünler için ihraççının aynı kredi derecelendirme kuruluşu ile sözleşme tarihi sonunda 4 yılı aşmayan eşit

[104] S&P'nin tescilli olduğu diğer ülkeler; İtalya (Standard & Poor's Credit Market Services Italy S.r.l.), Birleşik Krallık(Standard & Poor's Credit Market Services Europe Limited)'tır.
[105]http://www.allenovery.com/publications/en-gb/Pages/CRA-III-and-the-over-reliance-on-rating-in-question.aspx (27.12.2014).

sürelerde sözleşme yenilemesine bile izin verilmemektedir. Yürürlülüğe giriş tarihinin 2013 yılı olması nedeniyle bu maddenin sonuçları uzun vadede görülebilecektir[106].

AB Komisyonu, 5 Aralık 2010 tarihinde hazırlamış olduğu "*Public Consultation on CRA-Kredi Derecelendirme Kuruluşları Üzerine Halkın Görüşü*" adlı raporda derecelendirmeye yaratılan aşırı bağımlılığın azaltılmasının gerekliliği üzerinde durmuştur. Alternatif piyasa göstergelerinin değerlendirmede kullanılabileceği savunulmuştur. Böylece kredi riski değerlendirmede CDS(Credit Deafult Swap-Kredi Temerrüt Takası)'nin kullanılması ilk defa akademik camia dışında, siyasi bir otorite tarafından önerilmiştir (Gür ve Öztürk, 2011: 88).

3.4. FİNANSAL KRİZ SONRASI KREDİ DERECELENDİRME KURULUŞLARI'NA YÖNELİK TÜRKİYE'DEKİ DÜZENLEME DEĞİŞİKLİKLERİ

SPK' nın 2007 yılında yayımlanan Tebliğinin 8. Madde'sinin 3. Ve 4. Fıkrası; 15 Nisan 2010 tarihli ve 27553 sayılı Resmi Gazete'de yayımlanan Seri:VIII, No:68 sayılı "Sermaye Piyasasında Derecelendirme Faaliyeti ve Derecelendirme Kuruluşlarına İlişkin Esaslar Tebliğinde Değişiklik Yapılmasına Dair Tebliğ" ile değiştirilmiştir. Değiştirilen fıkralar aşağıdaki tabloda belirtilmiştir.

[106] http://europa.eu/rapid/press-release_MEMO-13-571_en.htm (27.12.2014).

Tablo 19. 12 Temmuz 2007 Tarihli Tebliğ'in 15 Nisan 2010 Tarihli Tebliğ ile Değişimi

12 Temmuz 2007 Tarihli Tebliğ	15 Nisan 2010 Tarihli Tebliğ
"Kurulca kabul edilen uluslararası derecelendirme kuruluşları, Türkiye'de gerçekleştirecekleri derecelendirme faaliyetleri ile ilgili kamuya açıklama ve bildirim yükümlülüklerinin Tebliğ hükümleri çerçevesinde yerine getirilmesini teminen Türkiye'de bir temsilci bulundurmak zorundadırlar."	"Kurulca kabul edilen uluslararası derecelendirme kuruluşları bu Tebliğin öngördüğü kamuya açıklama ve bildirim yükümlülüklerini yerine getirmek üzere Türkiye'de yerleşik gerçek veya tüzel kişi temsilci atarlar. Türkiye'de yerleşik tüzel kişi temsilcinin, derecelendirme notuna esas oluşturacak bilginin toplanması dışındaki derecelendirme faaliyetlerinde bulunması yasaktır."
"Kurulca kabul edilen uluslararası derecelendirme kuruluşlarının bağlı ortaklığı veya iştiraki olarak ya da bu kuruluşlar ile bilgi paylaşım sözleşmesi çerçevesinde derecelendirme faaliyetinde bulunmak isteyen kuruluşlar, Tebliğ hükümleri çerçevesinde yetkilendirilmeleri halinde Türkiye'de derecelendirme faaliyetinde bulunabilirler ve Kurulca yetkilendirilen derecelendirme kuruluşları olarak bu Tebliğ hükümlerine tabi olurlar."	"Kurulca kabul edilen uluslararası derecelendirme kuruluşlarının bu maddenin 3 üncü fıkrasında belirtilen tüzel kişi temsilcileri dışında, bağlı ortaklığı veya iştiraki olarak ya da bu kuruluşlar ile bilgi paylaşım sözleşmesi çerçevesinde derecelendirme faaliyetinde bulunmak isteyen kuruluşlar, Tebliğ hükümleri çerçevesinde yetkilendirilmeleri halinde Türkiye'de derecelendirme faaliyetinde bulunabilirler ve Kurulca yetkilendirilen derecelendirme kuruluşları olarak bu Tebliğ hükümlerine tabi olurlar."

Kaynak:http://www.spk.gov.tr/apps/teblig/displayteblig.aspx?id=396&ct=f&action=displayfile&ext=.pdf&submenuheader=null (25.12.2014).

Tablo 19'a göre, Türkiye'de zorunlu olarak bulunması gereken temsilcinin, derecelendirmede kullanacağı bilgileri toplamak dışında derecelendirme faaliyetinde bulunması yasaklanmıştır. Değiştirilen 3. Fıkrada sözü geçen tüzel kişi temsilcinin dışında, iştiraki ve bağlı ortaklığı olan kuruluşların tebliğ hükümlerine bağlı kalmak şartıyla yine derecelendirmede bulunmalarına izin verilmiştir.

KDK'lar hakkında 16.09.2009 tarih ve 2009/1060/AT sayılı Avrupa Birliği Tüzüğü, 21 Mayıs 2013 tarih ve 462/2013 Avrupa Birliği Tüzüğü ile değiştirilmiştir. Ülke kredi notlarının kamuya açıklanmasına ilişkin yeni düzenlemeleri içeren Seri VIII, No:76 sayılı "Sermaye Piyasasında Derecelendirme Faaliyeti ve Derecelendirme Kuruluşlarına İlişkin Esaslar

Tebliğinde Değişiklik Yapılmasına Dair Tebliğ" 29 Ağustos 2013 tarihinde 28750 sayılı Resmi Gazete'de yayımlanmıştır[107].

Yeni düzenleme çerçevesinde;[108]

- "Sermaye piyasası araçlarının değerlerini, tasarruf sahipleri, ihraççılar ve sermaye piyasası kurumlarının yatırım kararlarını etkileyen ülke kredi derecelendirme notlarının açıklanmalarına ilişkin esaslar Tebliğ kapsamına alınmıştır."
- "Ülkenin talebe bağlı olan ya da olmayan kredi derecelendirme notlarına ilişkin gözden geçirme süresi en fazla 6 ay olarak belirlenmiştir."
- "Ülkenin talebe bağlı olan ya da olmayan kredi derecelendirme notlarının ve not görünümlerinin açıklanmasına ilişkin olarak:
    - ✓ Derecelendirme Kuruluşları her yıl Aralık ayı sonunda, bir sonraki yıl içerisinde yapacakları not ve/veya görünüm açıklamalarının tarihlerine ilişkin takvimi kamuya duyurmak ve Kurula göndermek zorundadırlar. Ayrıca, not veya görünüm açıklaması tarihlerinin Cuma günlerine denk getirilmesi esastır.
    - ✓ Not veya görünüm açıklamalarının derecelendirme kuruluşu tarafından önceden kamuya duyurulan tarihte, borsanın ilk seans açılışından en az bir saat önce veya son seans kapanışından sonra yapılması zorunludur.
    - ✓ Not veya not görünümü açıklaması ile aynı anda ülke notunun veya not görünümünün belirlenmesinde dikkate alınan tüm hususları içeren ayrıntılı bir araştırma raporunun kamuya açıklanması gerekmektedir."

Türkiye'de düzenleyici kuruluşlar tarafından kredi derecelendirme işlemi zorunlu tutulmadığı için bu kültür tam olarak oluşmamıştır. Uluslararası düzenlemeler çerçevesinde Basel uzlaşısı kapsam gereği direkt kredi

---

[107] http://www.spk.gov.tr/duyurugoster.aspx?aid=20130829&subid=0&ct=c (14.12.2014).
[108] http://www.resmigazete.gov.tr/eskiler/2013/08/20130829-7.htm?submenuheader=null (14.12.2014).

derecelendirme ile ilgili bir mekanizma değildir. Bu sebeple Basel uygulamaları kültürün oluşmasına katkı sağlasa da tek başına yeterli olmamaktadır. Ülkemizde Basel II' nin 2007' de yürürlüğe girmesi üzerine çalışmalar yapılırken bir yıl ertelenmiştir. 2008 Finansal Krizi'nin yaşanması tekrar bir ertelenmeye neden olmuştur. Bu nedenle Türkiye'de Basel II kriterleri, 1 Temmuz 2012'de uygulanmaya geçmiştir. Kriz Yıllarında Türkiye % 8 olan Sermaye Yeterlilik Oranını, uygulamada % 12 olarak tutmasının avantajını görmüştür (Ogan, 2010: 8).

2008 Finansal Krizi'nin tekrar etmemesi için hazırlanan Basel III kriterleri 12 Eylül 2010 yılında yayımlanmıştır. Basel III, Basel II kararlarını tamamen yok sayan bir uygulama olmayıp, kriz nedeniyle fark edilen eksikliklerin giderilmesini hedefleyen bir düzenlemedir (Cangürel, Güngör, Sevinç, Kayci ve Atalay, 2010: 1). Basel III'ün amacı, bankacılık denetimini sıkılaştırmak ve dış derecelendirmeye bağımlılığı azaltmaktır. 2008 Finansal Krizi'nin yaşanması, KDK'lar tarafından yapılan dışsal derecelendirmenin, yapılandırılmış finansal varlıkların riskini tam olarak yansıtmadığının göstergesi olarak görülmektedir (BIS, 2012: 4).

4. KREDİ DERECELENDİRME KURULUŞLARI'NA YÖNELİK ELEŞTİREL BİR DEĞERLENDİRME

Küreselleşmeyle birlikte günümüzde en çok karşılaşılan gerçeklik "değişim"dir. Son yıllarda bu durum her alanda hızla artmıştır. Dünya nüfusu 1900 yılında 1,5 milyardan, 1950 yılında % 75 artarak 2,5 milyara ulaşmıştır. 2014 yılında ise dünya nüfusu yaklaşık 3 kat daha artarak dünya nüfusu 7 milyarı aşmıştır. Son 60 yıla bakarsak sadece nüfusta yaşanan değişimin hızı bile, yakın gelecekte bizleri bekleyen değişimlerin belirsizlikleri konusunda düşündürmektedir (Saka, 2010: 15-16).

21. yüzyılın başında özellikle finans piyasalarında yaşanan değişimin hızı, ürün çeşitliliğini de arttırmış, KDK'ların mevcut metodolojileri yaratılan karmaşık türev ürünlerini derecelendirmede başarısız olmuştur. Değişen koşullara adaptasyonu dinamik ve esnek olmayan KDK'lar, piyasa değişimlerinde de proaktif rol oynayamamıştır. 2008 Finansal Krizi öncesinde yaşattıkları skandallar, kriz süresi ve sonrasında da KDK'ları eleştirilerin odağı haline getirmiştir. Bu kez değişime maruz kalan ise kendileri olmuştur. Şöyle ki; finansal istikrarın sağlanması için 2008 Finansal Kriz Öncesi, Süresi ve Sonrasında yapılan düzenlemeler, derecelendirme sektöründe değişikliklere neden olmuştur. Yapılan düzenlemelere ilişkin değerlendirmelere finansal krizi öncesi, süresi ve sonrası şeklinde aşağıdaki başlıklarda yer vereceğiz. KDK'lara ilişkin yapılan düzenlemeler ışığında genel bir değerlendirme yapmak gerekirse; çıkar çatışması, rekabet eksikliği, ihmal dokunulmazlığı ve dikkatsizlik gibi derin KDK sorunları, köklü düzenlemelere rağmen çözümsüz kalmıştır. Yapılan düzenlemelerin beklentileri karşılamadığı düşünülmektedir.

4.1. FİNANSAL KRİZ ÖNCESİ DEĞERLENDİRME

Küresel finansal derinleşmenin hızla artması, beraberinde sanal bir finans piyasasının oluşmasına neden olmuştur. Günümüzde küresel finans sistemi küresel GSMH[109]'nin yaklaşık 4 katına ulaşmıştır. Karmaşık yapıdaki türev ürün piyasasının gelişmesi belirsizlikleri arttırmış, belirsizliklerin artması doğal olarak risk yönetiminin önemini de doğru orantıda arttırmıştır (Küçüközmen, 2010: 20). 2008 Finansal Krizi de piyasalarda belirsizlikler yaratmış, mevcut durumda karar verme ve risk ölçümü zorlaşmıştır. Dolayısıyla krizlerin sorumlularını belirlerken geniş bir çerçeveden bakılmalıdır. 2008 Finansal Krizi'nin sorumluları arasında (Bolgün, 2010: 2);

---

[109] GSMH(Gayri Safi Milli Hasıla), bir ekonomide belirli bir dönemde üretilen tamamlanmış(nihai) mal ve hizmetlerin piyasa fiyatları ile ifade edilen değerleri toplamıdır.

- 11 Eylül 2001 olayının ardından global likidite balonunun devamlılığını sağlayan kamu otoriteleri,
- Karmaşık finansal türevlerin risk boyutlarını kendileri bile incelemeden bilançolarına alan yatırım bankası yöneticileri,
- Düşük kalitede konut kredilerinin de yer aldığı yüksek riskli varlığa dayalı menkul kıymet havuzlarına şişirilmiş notlar vererek komisyon gelirlerini artıran KDK'ları,
- Menkul kıymetleri yeniden yapılandırarak 2-3 çeşit finansal türev ürün haline getirerek piyasaya tekrar sunan finans mühendislerini ve özel bankacıları,
- Spesifik risk, likidite riski, kredi türevi riskleri gibi yeni kavramlara ilişkin düzenlemelerin yeterince yer almadığı Basel II düzenlemeleri,
- Uluslararası anlamda eşzamanlı, tek vücut halinde hareket edemeyen gözetim ve denetim otoriteleri sayılabilir.

Görüldüğü gibi 2008 Finansal Krizi'nin yaşanmasında rolü olan çok fazla kurum, kuruluş ve ürün vardır. Finansal krizlerin günümüzde temel nedenleri sadece ekonomik değil aksine çoğunlukla politiktir. Kurum, kuruluş ve kişilerin "Hırs ve Kazanç" duygularıyla hareket etmesi, risk yönetim prensiplerinden uzaklaşılmasına neden olmuştur (Bolgün, 2010: 1). KDK'lar da normal şartlarda gelirlerini düşünüp, derecelendirdikleri türev ürünlere kendi misyonları çerçevesinde risksiz gibi yaklaşarak şişirilmiş notlar vermişlerdir. ABD Finansal Kriz Soruşturma Komitesi'nin 2011 yılı raporunda, S&P ve Moody's'in CDO ve MBS gibi toksik ürünlere vermiş oldukları aşırı yüksek notlarla krizi tetikledikleri, ardından ani not indirimleriyle de krizi derinleştirdikleri belirtilmiştir (Ryan, 2012: 12). ABD Senotosu bu iki derecelendirme kuruluşunu, konut piyasasının çöküşünden aylar sonra bile mortgage dayalı menkul kıymetlere(MBS) yüksek notlar vermekle suçlamıştır

[110]. ABD Senatosu, Moody's ve S&P'nin bozulan mortgage piyasasına ilişkin içsel uyarılarına bile kulak asmadıklarına dair belgeleri sunmuşlardır. Temmuz 2007'de büyük çapta not indirimlerinde bulunmadan önce çalışanların 2006 ve 2007'nin başlarındaki e-maillerinden konut piyasası çöküşünden haberdar oldukları sonucuna ulaşılmıştır. S&P'nin çalışanlarından birinin *"Bu durum Florida'da başlayan hortumun, yavaşça bize doğru yükselmesini izlemek gibi. Hortumun tamamen bizi vurup yok edeceğinden veya ciddi zararlar almadan yakayı kurtaracağımızdan emin değilim"* diyerek maile cevap vermesinden de anlaşılmaktadır (Ryan, 2012: 14). Senato kararından yola çıkarak, S&P ve Moody's'in içsel uyarıları dikkate almadan yapmış oldukları derecelendirmelerle itibarlarını zedeledikleri söylenebilir.

2008 Finansal Krizi öncesinde KDK'lara ilişkin uluslararası yapılan düzenlemeler, 2004 yılında IOSCO tarafından oluşturulan KDK Davranış Kuralları ve Basel Bankacılık Denetim Komitesi tarafından oluşturulan Basel I ve Basel II'dir. Basel I'in eksikliklerini tamamlamak için çıkarılan Basel II uzlaşısının yetersizliği de, Basel II düzenlemesinin krizin sorumluluları arasında yer almasına neden olmuştur.

ABD'de SEC'in düzenlemeleri ve ayrıca 2006 yılında yürürlüğe giren Kredi Derecelendirme Kuruluşu Reform Yasası (CRA Reform Act) ile KDK'lar için yeni bir dönem başlamıştır. Kredi derecelendirme şartları da dahil olmak üzere, NRSRO'ya kayıt şartları hafifleştirilmiş ve KDK'ların incelenmesi için bir çok yeni düzenlemeler yapılmıştır. Yasanın amacı, derecelendirme piyasasındaki oligopol yapıyı kırmak ve NRSRO'ya kayıtlı KDK sayısını arttırmaktır. Kredi Derecelendirme Kuruluşu Yasası'na kadar NRSRO'ya kayıtlı KDK S&P, Moody's, Fitch, DBRS ve A.M. Best olmak üzere 5 adet iken; 2008 Eylül'e gelindiğinde kayıtlı KDK sayısı 10 olmuştur. Hedeflerine ulaşmış gibi görünseler de, üç büyüklerin piyasa payında belirgin farkın oluşmaması, yasanın bu konuda yetersiz kaldığını göstermektedir. KDK'ların sayılarındaki artış, kredi

---

[110] http://www.huffingtonpost.com/2011/04/13/credit-rating-agencies-triggered-crisis-report_n_848944.html (15.01.2015)

notlarındaki doğruluğu artırmaya yeterli oldu mu? Rekabet ve derecelendirmede doğruluk arasında herhangi bir ilişki var mı? Son yıllarda yapılan çalışmalarda farklı görüşler ortaya çıkmıştır. Profesör Becker ve Milbourn (2010, 28) artan rekabetin, derecelendirme piyasasını nasıl etkilediğini incelemişlerdir. Çalışmalarında rekabet arttıkça derecelendirme kalitesinin düştüğü tespit edilmiştir. Üç büyüklerden Fitch'in, S&P ve Moody's ile rekabet edebilmek için derecelendirme kalitesini düşürdüğü sonucuna ulaşılmıştır (Becker ve Milbourn, 2010: 28).

Avrupa Birliği ülkelerinde ilk etapta yeni düzenlemeler oluşturmak yerine uluslararası düzenleme çerçevesinde IOSCO'ya uyumun incelenmesinin ve rapor edilmesinin gerekli olduğu savunulmuştur. Türkiye'de ise derecelendirme geçmişi çok eskiye dayanmadığından SPK tarafından yapılan düzenlemeler çerçevesinde derecelendirme faaliyetinin kapsamı ve kimler tarafından yapılabileceği belirlenmiştir. Kriz patlak vermeden yapılan düzenlemeler ne yazık ki KDK'ların başrollerde olmalarına engel olamamıştır. Düzenleme ve denetleme kuruluşlarının düzenlemelerin yetersizliklerini belirleyerek düzeltme çalışmaları ise kriz süresince ve sonrasında devam etmiştir.

4.2. FİNANSAL KRİZ SÜRESİNCE DEĞERLENDİRME

2008 Finansal Krizi'nin etkileri reel ekonomiye yansımaya başladığında, birçok uluslararası örgüt ve bireysel olarak ülkeler finansal anlamda düzenlemeler yapmıştır. Yapılandırılmış finansal ürünlere şişirilmiş notlar vererek krizi tetikleyen KDK'lar da mevcut düzenleme revizyonları ve yeni düzenlemelerle karşı karşıya kalmıştır. Finansal Kriz Soruşturma Komitesi'nin yapmış oldukları incelemeye göre 2008 Finansal Krizi'nin yaşanması KDK'larsız düşünülemezdi. Vermiş oldukları notlarla piyasaları önce uçurmuşlar, 2007 yılı sonları ve 2008 boyunca notlarda ani ve sert düşüşler yaparak da piyasaları altüst etmişlerdir (The Financial Crisis Inquiry Report,

2011: 25). Finansal Kriz soruşturma raporunun genelinde, KDK'ların yapılandırılmış finansal ürünler piyasasındaki rolleri, krizin oluşmasına ve şiddetlenmesine neden olduğu yönündedir.

KDK'ların kriz öncesinde eleştirildikleri Enron, Worldcom ve Parmalat gibi şirket olaylarına kriz süresince yaşattıkları Lehman Brothers ve AIG(American International Group)[111] skandalları da eklenmiştir. Lehman Brothers iflasını açıklamadan hemen önce Moody's, yatırım yapılabilir dereceyi temsil eden A2 notunu vermiştir. Moody's'in, ABD'nin dev sigorta şirketi AIG'e notu, ABD devletince 170 milyar dolarlık kurtarma paketiyle el konulmadan bir hafta önce Aa3 olmuştur. AIG'in derecelendirme notu Lehman Brothers'ın A2 notundan daha yüksektir. AIG'in iflasının sadece Amerika ekonomisini değil, dünya ekonomisini de etkileyeceği gerekçesiyle ABD hükümeti tarafından kurtarıldığı belirtilmiştir (Coşkun(a), 2010: 14). Lehman Brothers'ı kurtarmak yerine batışına seyirci kalınması da eleştirilen konular arasındadır.

IOSCO Kodu'nun 2008 yılında revizyonu özellikle yapılandırılmış finansal ürünlerin derecelendirilmesinde KDK'ların karşılaştıkları sorunları düzeltmeye yönelik olmuştur. Yapılandırılmış finansal ürünleri derecelendirecek analistlerin uygun deneyime sahip kişilerden olması ve bu kişilerin ürünler hakkında öneri veya tavsiyede bulunmasının yasaklanması alınan önlemler arasındadır. G20 ülkeleri de şeffaflığı arttırmak, çıkar çatışmasını önlemek gibi düzenlemelerle KDK'ları uluslararası menkul kıymet düzenleyicilerinin yüksek standartlarına ulaştırmayı hedeflemişlerdir. Basel II.S düzenlemesiyle de menkul kıymetleştirme ve yeniden menkul kıymetleştirmeler arasındaki risk farklılığına gidilmiştir.

[111] AIG(American International Group) 1919 yılında Cornelius Vander Starr tarafından Çin'in Şangay şehrinde kurulan bir sigorta şirketidir.1930'lu yıllarda ise Latin Amerika'yı da dahil ederek faaliyet alanını genişletmiştir. 1950'lerde ise Avusturalya ve İngiltere'nin de dahil olmasıyla uluslararası boyut kazanmıştır. 2008 Finansal Kriz sırasında iflasın eşiğine gelen AIG, ABD Hükümeti'nin desteğiyle kurtarılmıştır. Günümüzde 130'un üzerinde ülkede ticari, kurumsal ve bireysel müşteri profiline sahip olan sigorta şirketi, ABD'de hayat sigortası ve emeklilik hizmetlerinde de lider konumdadır.

ABD'de derecelendirme konusunda eksiklikleri belirleyen bir rapor hazırlanmış ve bu rapor ışığında, ihraççı ödemeli modeli kullanan NRSRO'larda çıkar çatışmalarından doğan eleştirilere maruz kalmayı önleme amaçlı rastgele örneklem seçimi ile halka açıklık şartı getirilmiştir. Avrupa Birliği Komisyonu kredi derecelendirmelerin menkul kıymetler piyasasında IOSCO Kodu'na uygunluğunun denetimini ESMA'ya bırakmıştır. AB ülkelerinde faaliyette bulunan KDK'lara tescil zorunluluğu getiren CRA I düzenlemesi uygulanmaya başlamıştır.

2008 Finansal Krizi öncesinde yapılan düzenlemeler ne yazık ki krizin oluşmasını engelleyen nitelikte olmamıştır. Halbuki kriz gerçekleşmeden önce alınan önlemlerin ve yapılan düzenlemelerin maliyetinin daha düşük olacağı aşikardır. Derecelendirmeye yönelik düzenlemelerin 2008 Finansal Krizi'nin etkileri devam ederken sürmesi, KDK'lara hem ekstra maliyet hem de ekstra sorumluluk yüklemiştir.

4.3. FİNANSAL KRİZ SONRASI DEĞERLENDİRME

2008 Finansal Krizi'nin etkileri azalmaya başlarken, finansal piyasaların dengesini bozan KDK'lar da birçok düzenleme ve denetleme kuruluşu tarafından mercek altına alınmıştır. ABD Finansal Kriz Soruşturma Komitesi'nce 2008 krizinin tetikleyicisi ve derinleştiricisi olarak addedilen KDK'lar, yoğun düzenleme çalışmalarına maruz kalmışlardır. 2009 Londra'da düzenlenen G20 zirvesinde Finansal İstikrar Kurulu kurulmuştur. Finansal İstikrar Kurulu(FSB) sıfırdan oluşturulmamıştır. Daha önceden G7-G8 ülkelerinin 1999 yılında oluşturdukları Finansal İstikrar Forumu(FSF-Financial Stability Forum), kapsam alanının genişletilmesi ve yapılan düzenlemelerin birçok ülkede standart olabilmesi için G20 zirvesi kapsamında Finansal İstikrar Kurulu olarak değiştirilmiştir. Uluslararası düzeneleme sisteminin kalbi niteliğinde olan Finansal İstikrar Kurulu, KDK'lara olan aşırı bağımlılığı azaltmaya yönelik uluslararası eylem planları geliştirmiş ve G20 ülkeleri Maliye

Bakan'ları ve Merkez Bankası Başkan'larına sunmuştur. Krizin sorumlularından bir diğeri olarak görülen Basel II düzenlemeleri, batmayacak kadar büyük olan bankaların iflasının açıklamasından sonra revize edilmiş ve küresel likidite riskinin ölçümünde yeni standartlar getirilerek Basel III düzenlemeleri adı altında yayımlanmıştır. Derecelendirme piyasasının işlevselliğini, kalite ve bütünlüğünü artırmak için uluslararası düzenleme yapan komitelere aşağıdaki şekilde yer verilmiştir. Düzenleyici gruplar arasındaki dolaylı ilişkiler çizgili bağlantılarla belirtilmiştir. Uluslararası düzenlemelerdeki en büyük eksiklik aralarında belirli bir hiyerarşinin olmamasıdır.

Şekil 7. Düzenleme Çalışmaları Yapan Uluslararası Komiteler

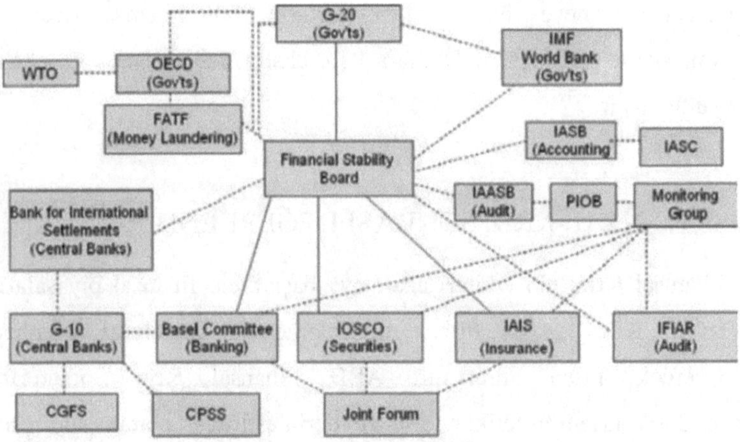

Kaynak: Davies, 2010: 2.

Şekil 7'de de görüldüğü gibi uluslararası düzenleme sistemi matrix bir yapıdadır. Bu matrix yapı bireysel anlamda KDK'ların ellerini güçlendirmekte, birebir doğrudan bağımlı oldukları bir tek düzenleyici otoritenin olmaması düzenlemelerin net sonuçlarının denetlenmesini zorlaştırmaktadır. Ancak KDK'lara yönelik düzenlemeler yapan komitelerin doğrudan birbirleriyle bağlantılı oldukları görülmektedir. Bu durum kriz dönemlerinde koordineli çalışmayı kolaylaştırabilir. G20 sırasında oluşturulan Finansal İstikrar Kurulu(FSB), bankacılık sektörünü düzenleyen Basel Komitesi, menkul kıymetleri düzenlemekle sorumlu IOSCO ve sigorta primlerini düzenleyen IAIS[112] aynı zamanda derecelendirme kuruluşlarına ilişkin düzenlemelerde de bulunmuşlardır. Bu üç komite yılda üç kere toplandıkları Ortak Forum[113](Joint Forum)'da düzenlemeleri değerlendirmektedirler. Bu komitelerin KDK'larla ilişkisini daha iyi anlamak için 2008 krizinin yaşanmasına neden olan menkul kıymetleştirme zincirini incelemek gerekir. Şekil 8'de menkul kıymetleştirme zincirine yer verilmiştir.

Şekil 8. Menkul Kıymetleştirme Zinciri

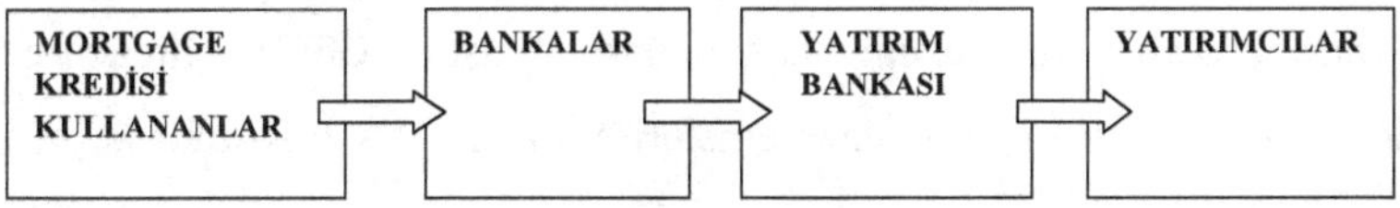

Düşük maliyetli ve esnek ödemeli kredi koşullarının oluşturulmasıyla ABD'de herkes ev sahibi olmak için bankalara başvurmuştur. Belirli bir geliri, işi ve varlığı olmayan kişilerin mortgage kredileri içindeki payının artması ise bankaları endişelendirmemiştir. Çünkü bu kredileri, yatırım bankaları bankalardan satın almış; böylece bankalar da yeni krediler için kaynak yaratmışlardır. Yatırım Bankaları çeşitli bankalardan toplamış oldukları mortgage kredilerini, taşıt kredilerini, kredi kartı borçlarını bir havuzda birleştirerek teminatlandırılmış borç yükümlülükleri adını verdiğimiz CDO'ları oluşturmuşlardır. Yatırım bankaları oluşturdukları yapılandırılmış finansal ürünleri sigortalayarak, yatırımcılar için cazip hale getirmişlerdir. Fakat zincirin

[112] IAIS (International Association of Insurance Supervisors-Uluslararası Sigorta Denetçileri Birliği) 1994 yılında kurulmuş olup, yaklaşık 140 ülkede sigorta düzenlemelerini denetlemekte ayrıca dünya sigorta priminin %97'sini oluşturmaktadır. IAIS'nin amacı adil, güvenli ve istikrarlı sigorta sektörü oluşturmak için sigorta sektörüne ilşkin denetlemeleri teşvik etmektir.

[113] Joint Forum(Ortak Forum) 1996 yılında Basel Komitesi, IOSCO ve IAIS desteğiyle kurulmuştur. Ortak Forum, bankacılık, menkul kıymetler ve sigorta sektörleriyle ilgili temel finansal düzenleme konularını değerlendirmek için genellikle yılda 3 kez toplanmaktadır.

aksamadan yatırımcılara ulaşabilmesi için de kredi derecelendirme notlarına ihtiyaç duyulmuştur. Yüksek riskli mortgage kredilerinin de yer aldığı yapılandırılmış finansal ürünlere yüksek notlar veren KDK'lar, bu ürünlere yatırımcıları çekmeyi başarmıştır. 2008 Finansal Krizi ile birlikte sistemdeki aksaklıklar da gün yüzüne çıkmıştır. Kriz öncesi zincirin halkaları arasında durumdan rahatsız olan kimse yoktu. Subprime krediler kullananlar kolayca ev sahibi olmaktan, bankalar ellerindeki riskli kredileri yatırım bankalarına satarak yeni krediler için likidite yaratmaktan, yatırım bankaları ise riskli ürünlerini KDK'lara ücret karşılığında yüksek notlandırmaktan memnundu. Riskin farkında olmayan yatırımcılarda yüksek nota sahip ürünlere yatırım yaptıklarını düşünerek zincirin son mutlu halkasını oluşturmuşlardır. Kriz yaşandığında en çok zararlı çıkanlar ise masum yatırımcılar olmuştur. Görüldüğü üzere hem bankacılık sektörüne ilişkin düzenlemeleri yürüten Basel Komitesi, hem de menkul kıymetleştirmelere ilişkin düzenlemeleri, derecelendirme kuruluşları çerçevesinde değerlendirmeye alan IOSCO Kodu derecelendirme sektörü için büyük öneme sahiptir.

Kriz sonrası yapılan en geniş çaplı finansal düzenleme ise ABD'de yürürlüğe giren Dodd Frank Yasası olmuştur. Bu yasa sadece KDK'ları düzenlemekle kalmayıp, krizin dinamiklerinden olan türev ürünleri düzenlemekte, kurtarma paketleri sonucu mağdur olan tüketicileri korumakta ve finansal sistemde şeffaflığı ve hesap verilebilirliği arttırmaktadır. 1933 Menkul Kıymetler Yasası, derecelendirmelerin sadece görüş ve düşünceyi yansıttığı gerekçesiyle NRSRO'ların sorgulanmasını yasaklamaktaydı. Dodd Frank Yasası'nın KDK'lara dava yolunu açmasıyla ABD ve İtalya S&P'yi mahkemeye vermiştir. Ayrıca Dodd Frank yasasıyla yatırım bankaları ile ticari banakaların ayrıştırılması kararı yeniden gündeme gelmiştir. Glass Steagall Yasası'nın iptalini 2008 finansal krizinin dinamikleri arasında düşündüğümüzde, bu ayrıma takrar gidilmesinin önemi açığa çıkmaktadır. NRSRO'ların derecelendirme metodolojilerinin şeffaflığını artırmak için geliştirilen EDGAR, elektronik veri toplama sistemi de kriz sonrası aktif olarak kullanılmaktadır. Krizin ana merkezini oluşturan ABD'nin, KDK'lara Yönelik Düzenleme Sistemi ise şu şekildedir;

Şekil 9. ABD'deki KDK'lara Yönelik Düzenleme Sistemi

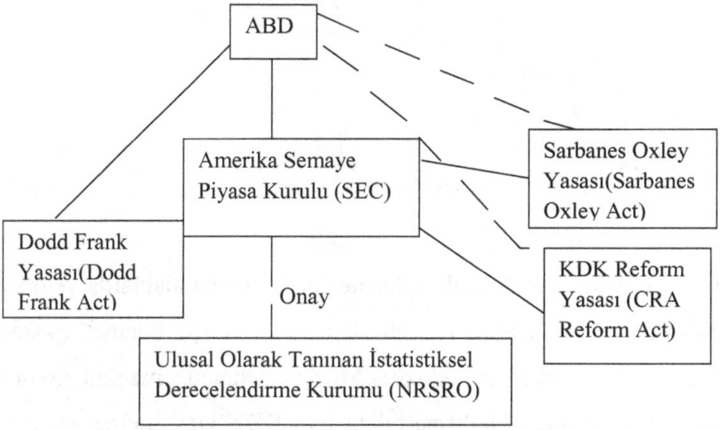

AB ülkelerinde derecelendirme kuruluşlarının denetim ve tescili ESMA'ya bırakılmıştır. CRA II ve CRA III ile de derecelendirmeye bağımlılığı ve çıkar çatışmalarını azaltmak bunun yanında kalite ve şeffaflığı arttırmak hedeflenmiştir. Bağımlılığı azaltmak için ilk defa akademik camia dışında Avrupa Birliği Komisyonu, kredi riski değerlendirilmesinde CDS'lerin kullanılmasını önermiştir. Avrupa Birliği Komisyonu, 15 Kasım 2011'de almış oldukları kararla, kriz ortamındaki ülkelerin derecelendirilmesine ara verilmesi gerektiği kararına varmıştır. KDK'ların bile bile kuralları çiğnediği veya ağır ihmallerinin olduğu tespit edildiğinde, yatırımcıların yasal yollara başvurmasının önü de açılmıştır (Ryan, 2012: 3). Avrupa Birliği'nde KDK'lara yönelik düzenleme sistemi ise uluslararası düzenlemelere uyumu benimsemektedir. Avrupa Birliği Komisyonu'nca KDK'ları düzenleme sistemi ise şu şekildedir;

Şekil 10. Avrupa Birliğinde KDK'lara Yönelik Düzenleme Sistemi

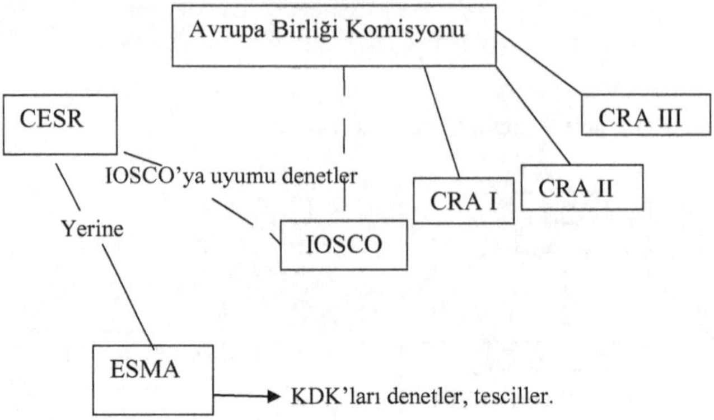

KDK'lara yönelik yapılan düzenlemeler ne yazık ki bazı alanlarda yetersiz olmuştur. KDK'ların gelir elde etme modeli olarak hala ihraççı ödemeli modeli kullanması eleştirilmeye devam etmektedir. Mevcut sistemde menkul kıymet ihraç etmek isteyenlerin, derecelendirme talebi için KDK'lara ödeme yapması gerekmektedir. KDK'ların müşterilerinin ihraççılar olduğu düşünüldüğünde; vermiş oldukları yüksek notlar konusunda adil olduklarını söylemek pek mümkün olmamaktadır (Hur, 2014: 98-99). KDK'ların direkt gelirlerini etkileyecek bir konu olması nedeniyle, gelir modelleri konusunda pek fazla düzenlemeye gidilmemiştir. 1970 yılları öncesinde, piyasada abone ödemeli model hakimken, günümüzde tam tersine ihraççı ödemeli model kullanılmaktadır. Moody's'in yöneticisi John Diaz yıllık gelirlerinin % 85'ten fazlasını derece notu verdikleri ihraççılardan sağladıklarını ifade etmiştir. Bu değişimin arkasındaki itici gücün teknolojik gelişmeler olduğu savunulmaktadır. Çünkü; 1970'lerde fotokopinin icadıyla KDK'lar tarafından sağlanan derecelendirme notlarının bir aboneden başka bir kuruluşa herhangi bir ödeme yapmadan iletilmesi mümkün olmuştur (Crockett, Harris, Mishkin, White, 2003: 45).

KDK'ların ihraççı ödemeli modeli abone ödemeli modele tercih etmesinin birçok nedeni vardır. Birincisi, karmaşık yapıdaki finansal ürünleri çıkaran ihraççılar, derecelendirme notlarını piyasaya sunulmadan önce öğrenmek isteyeceklerdir. Bu noktada hatırlanması gereken, işlem hacimleri oldukça büyük olan menkul kıymetlerin derecelendirilmesinde KDK'ların da yüksek ücretler talep etmesinin beklenen bir olgu olmasıdır. Örneğin, Moody's'in 2013 yılında 2.972,5 milyon $ olan toplam gelirinin 382,5 milyon $ yapılandırılmış finansal ürünlere ait işlemlerden sağlamıştır. Şirket veya ülke derecelendirmesine göre daha kompleks yapıdaki finansal ürünlerin değerlendirilmesi daha fazla zaman ve çaba gerektirmektedir. Abone ödemeli model kapsamında herhangi bir yatırımcının, bir finans kurumu gibi muazzam miktarlarda para ödemesi beklenemez. İhraççılar tarafından ödemesi yapıldıktan sonra derecelendirme notları KDK'ların resmi web sitelerinde halka açık olarak paylaşılmaktadır (Hur, 2014: 101-102).

KDK'lar gelirlerinin büyük bir bölümünü ihraççı ödemeli modelden sağlarken, ihraççılardan hiçbir ücret talep etmeden re'sen yapılan derecelendirmeleri akıllarda soru işareti yaratmaktadır. S&P'nin Türkiye'yi herhangi bir ücret talep etmeden notlandırması bunun en iyi örneğidir. Bu durumda hiçbir ücret ödemeden yapılan derecelendirmeler söz konusuyken, ihraççı ödemeli modelin eleştirilmesi gereksiz gibi görünse de, son yapılan çalışmalar aksini savunmaktadır. Ücret talep edilmeden verilen notlar, KDK'ların ihraççılardan daha fazla ücret talep etmesine neden olabilmektedir. Eğer olumsuz bir nota sahipse, notunu artırabilmek için ihraççı ödemeli model kapsamında derecelendirme yaptırarak, talep edilen tutarı KDK'lara ödemek zorunda bırakılabilirler. Sonuç olarak, KDK'ların re'sen derecelendirme yaparak daha fazla kazanmaları mümkün olabilecektir (Fulghieri, Strobl, Xia, 2011: 1-3). KDK'lar gelirlerini artırmayı düşünürken, ihraççılarda ihraçlarını daha karlı satabilmek için yüksek notlara ihtiyaç duymaktadır. Müşterilerin ihraççılardan oluştuğu bu sistem hataların görmezden gelinmesine, gereken titizliliğin gösterilmemesine neden olmaktadır. KDK'lara daha fazla ödeme yapanların, yüksek notlar alabilmek için baskı yapması da mümkündür. İhraççı ödemeli modele ilişkin yapılan düzenlemeler yeterli görülmemektedir.

SONUÇ VE ÖNERİLER

Günümüz finansal piyasalarının karmaşık yapısı ve asimetrik bilgi sorununun varlığı, kredi derecelendirme kuruluşlarına olan ihtiyacı artırmıştır. Her ne kadar KDK'lar vermiş oldukları notlarla yatırım yap veya yapma kararı vermediklerini, notlarının sadece birer görüş olduğunu belirtseler de, yatırım kararı vermede derecelendirme notları referans alınmaktadır. 2011 yılı Ekim ayı itibariyle dünya çapında 76 [114] adet KDK vardır ve bu liste gün geçtikçe artmaktadır. Çok sayıda kredi derecelendirme kuruluşunun olması piyasadaki oligopoliyi engellemeye yetmemiştir. Çünkü az sayıda kredi derecelendirme kuruluşu faaliyetlerinde söz sahibi olmaktadır. Üç büyükler olarak adlandırılan; S&P, Moody's ve Fitch'in 76 adet KDK içindeki piyasa payı yaklaşık olarak % 95'tir. Düzenleyici kurumların derecelendirme sektöründe rekabeti arttırma çabaları da maalesef sonuçsuz kalmıştır.

Derecelendirme işleminin güvenilir kurumlarca yapılması ülkelere, şirketlere ve yatırımcılara çeşitli katkılar sağlamaktadır. Örneğin, ülkelerin derecelendirme notlarının yatırım yapılabilir seviyede olması, ülkelere kolay ve düşük maliyetli kredi temininde yardımcı olmaktadır. Oligopol yapıya sahip kredi derecelendirme piyasasında notların ne derece objektif olduğu ciddi tartışma konusudur. Piyasayı takipte gecikmeleri ve özellikle 2008 krizinin hemen öncesinde yapılandırılmış finansal ürünlere verdikleri yüksek notlar konusunda güvenilirlikleri defalarca sorgulanmıştır. Kitaba başlarken KDK'lar hakikaten taraflı mı, yoksa sadece günah keçisi mi seçildiler? sorusuna cevap aradım. Dünya çapında kredibiliteleri ve saygınlıkları sorgulanır halde olan KDK'ların masum olmadıklarını söylemek yanlış olmayacaktır. Finansal Kriz Soruşturma Raporu'nun sonucuna göre de KDK'lar 2008 Finansal Krizi'nin başkahramanı addedilmiştir. 2008 krizine neden olan KDK'ların tutumlarını

[114] http://www.defaultrisk.com/rating_agencies.htm#Names_dropped_from_prior_list: (15.01.2015).

somut bir suçlu örneğiyle özetlemek gerekirse; öncelikle düşük faizler bankaları ucuz borçlanmalara sevk etmiş ve böylece bankalar silahı eline almıştır. Düzenlemelerin eksikliği bankalara cesaret katmış ve böylece bankalar tekrar menkul kıymetleştirme yoluyla havuzlar oluşturup ortamı da hazırlamışlardır. KDK'lar ise yeterli incelemelere tabi tutmadan oluşturulan yapılandırılmış ürünlere gereğinden yüksek notlar vererek, bu ürünleri cazip yatırım aracı haline getirmiştir. Ardından ani ve sert not indirimlerinde bulunarak da tetiği çeken taraf olmuşlardır. Uzun yıllar bu sektörde olan, misyonlarında objektiflik ve şeffaflıktan bahseden KDK'ların vermiş oldukları notları referans olarak alan masum yatırımcılar ise mağdur olmuştur. Maalesef o mermi sadece ABD'yi değil, küresel finans sistemini etkilemiş ve krizin yankıları uzun yıllar sürmüştür.

Uluslararası bağlamda 2004 yılında IOSCO Kodu çerçevesinde yapılan düzenlemeler kriz öncesi süreçte Avrupa Komisyonu tarafından uyulması gereken kurallar olarak benimsenmiştir. Derecelendirme kalitesini arttıran, çıkar çatışmalarını önleyen, KDK'ların ihraççılara ve yatırımcılara sorumluluklarını belirleyen IOSCO Kodu, 2008 yılında revize edilmiş ve yapılandırılmış finansal ürünler için yeni metodolojiler oluşturulmasını da içeren çeşitli şartlar getirilmiştir. Krizin dinamiklerinin tartışıldığı 2008 yılı Washington'da yapılan G20 zirvesinde de IOSCO'ya uyumlu hareket edileceği belirtilmiştir. Böylece G20 üye ülkelerin tamamında IOSCO'nun geçerliliği sağlanmıştır.

Basel Komitesi tarafınca hazırlanan Basel uzlaşıları bankacılık sektörünü düzenleyen yapıda olmasına rağmen genel olarak finans sektörünün alt yapısını sağlamlaştırmaya yönelik olmuştur. Basel II kapsamında risk ağırlıkları belirlenirken Standart Yöntemle KDK'lara başvurulduğunda, KDK'ların karşılaması istenen kriteler arasında; metodolojilerinin objektif olması, halka açık olması, siyasi ve ekonomik baskılardan uzak olması gibi IOSCO hükümlerine benzer şartlar getirilmiştir.

Yapılan düzenlemeler ışığında, KDK'lara aşırı bağımlılığı azaltmayı hedefleyen düzenlemelerin çokluğu dikkat çekmektedir. Finansal piyasalarda bu kuruluşlara, gerek yasalarla gerekse piyasa katılımcılarının kendi derecelendirmelerini belirleyecek kabiliyette olmamaları nedeniyle büyük önem atfedilmekteydi. Özellikle kriz süresi ve sonrasında derecelendirme zorunluluklarını hafifleten esnek düzenlemeler ön plana çıkmıştır. FSB, bankaları ve kurumsal yatırımcıları kendi kredibilitelerini değerlendirmeleri konusunda desteklemiştir. Derecelendirmede şeffaflığı artırmak için Avrupa'da Central Repository-CEREP ve Amerika'da ise EDGAR sistemi oluşturulmuştur. Bu sistemler sayesinde derecelendirme kuruluşlarının vermiş oldukları mevcut notlar ve geçmiş notlar halka açık ve ücretsiz olarak sunulmaktadır. Üstelik ihraççı ödemeli model kapsamında yapılan derecelendirmeler içerisinden rastgele seçilen %10'luk grubun ücretlendirilmesinin de raporlanması istenilmiştir.

ABD'de mevcut olan SEC tarafından onaylı NRSRO sistemi gibi, AB ülkelerinde faaliyet gösteren KDK'ların tescillenme zorunluluğu da CRAI yasası ile getirilmiştir. Tescillenme işlemini denetleme görevi de ESMA'ya devredilmiştir. 2010 yılında AB'de tescillenen ilk derecelendirme şirketi Euler Hermes Rating GmbH olmuştur. ABD'de ise NRSRO olarak tescilli KDK'ların sayısında artış, 2006 yılında yürürlüğe giren KDK Reform Yasası sonrasında olmuştur.

ABD'de 2010 yılında Obama tarafından imzalanan Dodd Frank Yasası ile yatırımcılara, KDK'ların notlarını sorgulamak için dava açma hakkı tanınmıştır. Dodd Frank öncesinde ise, 1933 Menkul Kıymetler Yasası hükmüne göre derecelendirmenin sadece bir görüş olduğu öne sürülmüş ve yanıltıcı notlar veren KDK'ların sorgulanmasının önü kapatılmıştır. Yeni düzenlemeyle birlikte ABD ve İtalya, KDK'lara yaşanan krizleri derinleştirdikleri gerekçesiyle dava açmıştır. Bu yasayla KDK'lara derecelendirme faaliyetlerinde daha dikkatli ve özenli davranmalarının gerektiği hatırlatılmıştır.

Eleştiriler arasında tam çözüme kavuşmayanlar ise sektörün oligopolistik yapısı ve ücret politikasıdır. Oligopoliyi kırmak için daha çok derecelendirme kuruluşu kurulmasının teşvik edilmesi ulusal ve uluslararası otoritelerce savunulmuştur. Fakat mevcut durumu incelersek toplamda 76 adet olan KDK'lardan sadece 3 tanesi günümüzde, piyasanın % 95'ine hakimdir. Amaç sadece yeni derecelendirme kuruluşları oluşturmakla kalmayıp, piyasada tutunmalarını ve söz sahibi olmalarını sağlayacak düzenlemeler de oluşturmak olmalıdır. KDK'ların direkt gelirleriyle ilgili olduğu için derinlemesine düzenleme yapılamayan bir diğer eleştiri konusu ihraççı ödemeli modeldir. İhraççı ödemeli model üzerine eleştirileri ortadan kaldırmak amacıyla ödemeleri denetleyen bağımsız bir örgüt kurulmalıdır. Ödemeler doğrudan KDK'lara değil, öncelikle bu örgüte yapılmalı ve buradan KDK'lara aktarılmalıdır. Oluşturulan örgütün uluslararası platformda denetlemelere açık olması gerekmektedir. Böylelikle KDK'lar ve derecelendirme not talebinde bulunan taraflar direkt yüz yüze gelmemiş olacak ve daha adil, objektif bir biçimde bu örgüt kanalıyla ödemeler gerçekleştirilebilecektir.

Düzenlemelerin içerikleri incelendiğinde benzer şeylerin farklı otoritelerce tekrar tekrar değerlendirildiği görülmektedir. Uluslararası olarak kriz süresi ve sonrasında IOSCO Kodu ve Basel düzenlemeleri revize halleriyle karşımıza çıkmıştır. ABD'de yapılan düzenlemeler çerçevesinde kriz öncesi Sarbanes Oxley Yasası(2002), KDK Reform Yasası(2006) ve kriz sonrası Dodd Frank Yasası(2010) yürürlüğe girmiştir. Avrupa Birliği'nde ise öncelikle IOSCO'ya uyumun denetlenmesi gerektiği savunulmuştur. CRAI Yasası ile KDK'ların tescillenme zorunluluğu getirilmiş; tescil ve denetleme görevi CRA II Yasası hükmünce ESMA'ya verilmiştir. Görüldüğü gibi derecelendirme sektörüne ilişkin düzenlemelerin türü ve çeşidinin artması, mevcut sistemin sağlam olmadığını veya iyi çalışmadığını göstermektedir. Uluslararası, eş zamanlı ve tek vücut halinde hareket edebilen düzenleme altyapısının özellikle kriz öncesinde olmayışı dikkat çekmektedir. Kriz sonrası değerlendirmede yer verdiğim uluslararası düzenleme komitesinin matrix yapısı sadeleştirilmelidir. Uluslararası düzenleme sisteminde direkt KDK'lara ilişkin düzenlemeleri organize eden bir komitenin olmaması, finansal piyasalar açısından önemi büyük olan kredi derecelendirme sektörü için büyük eksikliktir. Böylece KDK'ların farklı alanlardaki düzenleme komiteleri tarafından düzenelemelere maruz kalmasına neden olmaktadır. Ayrıca yapılan her yeni düzenleme, derecelendirme sektöründeki maliyetleri arttırmaktadır. Belki de 2008 Finansal Krizi öncesinde yeterli düzenmeler yapılmış olsaydı, krizin etkileri küresel boyutlara ulaşmaz ve daha az kayıplarla atlatılabilirdi. Ancak; uluslarararası ve ulusal düzenleyicilerin kriz süresi ve sonrasında yapmış oldukları uygulamalar, "sel köprüyü böldükten sonra alınan tedbirler" gibi görünse de gelecekte aynı şeylerin tekrar tekrar yaşanmasına engel olabilir. Uluslararası finansal kuruluşlar yaşanmış deneyimlerden dersler çıkarmalı ve KDK'lara kurumsal altyapı sunmalıdırlar. KDK'lar da geçmişin acı tecrübeleri ışığında, gelecekte tekerrür etmesini istemedikleri olaylara mahal vermemek için çaba sarfetmelidirler. Bu sebeple, finansal istikrarın, finansal kalite ve bütünlüğün sağlanması için hem uluslararası finansal kuruluşlara hem de KDK'lara büyük görevler düşmektedir.

KAYNAKÇA

Adalet, M. (2009). Mali Piyasaların Denetimi: Büyük Buhran'dan Çıkarılacak Dersler. *Ekonomi Araştırma Forumu*, TÜSİAD.

ABD Kongresi, (2006). US Congress. *Credit Rating Reform Act of 2006*: Washington DC.

AFME , (2014).Finance for Europe/ESF Securitisation Data Report Q1 2014, Retrieved July 5, 2014, from http://www.afme.eu/WorkArea/DownloadAsset.aspx?id=10815 .

Akçayır, Ö. (2013). *Uluslararası Kredi Derecelendirme Kuruluşları ve Güvenilirlerinin Sorgulanması:* Türkiye'nin Kredi Derecelendirme Geçmişi ve Bugünü(1992-2012).

Akdiş, M. (2000). *Global Finansal Sistem Finansal Krizler ve Türkiye*, İstanbul: Beta Yayınları.

Altıntaş, A. (2006). *Bankacılıkta Risk Yönetimi Ve Sermaye Yeterliliği*, Ankara: Turhan Kitabevi.

Anand, S. (2011). *Essentials of the Dodd-Frank Act*, Canada: John Wiley & Sons.

Aslan, H. (2008). İpotekli Konut Finansman Sisteminde Kriz, *BDDK 8. Kuruluş Yıldönümü Konferansı*, Houston Üniversitesi ,C.T. Bauer College of Business.

Babuşçu, Ş. (2005). *Basel II Düzenlemeleri Çerçevesinde Bankalarda Risk Yönetimi*, Ankara: Akademi Yayınevi.

Bahena A. J. (2010). What Role Did Credit Rating Ağencies Play in the Credit Crisis?http://www.colorado.edu/AmStudies/lewis/ecology/rolecreditagencies.pdf.

Barth, J.R. (2008). U.S. Subprime Mortgage Market Meltdown. *14th Dubrovnik Economic Conference The Croatian National Bank*, 25–28 June 2008, Dubrovnik, Croatia http://www.business.auburn.edu/~barthjr/Presentations/Subprime%20Mortgage%20Market%20Meltdown%20Dubrovnik_6-17-2008.pdf (19.07.2013)

Basu, K, Bisen A., De S., Ghosh, R.& Ghosh, S. (2012). Comparative Rating Index for Sovereigns (CRIS): A Report Based on "The Relatively of Sovereigns: A New Index of Sovereign Credit Ratings and an Analysis of How Nations Fared over the Last Six Yeras". Retrieved 15 November, 2014 from http://finmin.nic.in/workingpaper/CRIS_report_SCR28032012.pdf .

BDDK (2004). Basel II Sayısal Etki Çalışması (QIS-TR) Değerlendirme Raporu, Bankacılık Düzenleme ve Denetleme Kurumu Araştırma Dairesi, Aralık 2004. Syf:1-44.

BDDK (2012). Sorularla Basel 2.5. http://www.bddk.org.tr/WebSitesi/turkce/Basel/10800sorularla_basel_ii5.pdf (30.12.2014).

Becker B. Ve Milbourn T. (2009). Reputation and Competition: Evidence From The Credit Rating Industry. 1-40. http://apps.olin.wustl.edu/faculty/milbourn/BeckerMilbournFeb122009.pdf (05.03. 2014).

Becker B, Milbourn T. (2010). How Did Increased Competition Affect Credit Ratings?. *National Bureau of Economic Research,* No:16404. http://www.nber.org/papers/w16404.pdf (21.12.2014).

Birkenes, R. M., Pennell, J. A. (1999). The Russian Financial Crisis: Causes and Effects on ENI Countries. http://pdf.usaid.gov/pdf_docs/PNACF234.pdf (01.02.2015)

BIS, (2011). Basel III: A Global Regulatory Framework For More Resilient Banks And Banking Systems. Basel Committee on Banking Supervision. http://www.bis.org/publ/bcbs189.pdf (02.01.2015).

BIS, (2012). Revisions to the Basel Securitisation Framework. *Consultative Document*. Retrieved December 17, 2014, from http://www.bis.org/publ/bcbs236.pdf

Bolgün, K. E. (2010). Küresel Krizin Nedeni Risk Yönetimi Mi? M. Karaca, H. F. Baklacı ve H. Yetkiner, (Ed.), *Küresel Kriz ve Risk Yönetimi: Yanılgılar ve Gerçekler* (1-6). İzmir: İzmir Ekonomi Üniversitesi Yayınları.

Borod, R. S., Bartlam, M. (2012). Rating Agency Reform in the EU and the U.S.*Practical International Corporate Finance Strategies*. 38 (13).

https://files.dlapiper.com/files/upload/DLAPiper_CF07152012.pdf (26.12.2014).

Brandon, K. L., Fernandez F. A. (2004). Financial Innovation And Risk Management: An Introduction To Credit Derivatives. *SIA Research Report*, 5 (13). http://archives2.sifma.org/research/pdf/RsrchRprtVol5-13.pdf. (20.08.2013).

Cangürel, O., Güngör, S., Sevinç V. U., Kayci, İ., Atalay, S., (2010). Sorularla Basel III. *Bankacılık Düzenleme ve Denetleme Kurumu*, Risk Yönetim Dairesi.

Cantor, R. & Packer, F. (1995). The Credit Rating Industry. *Journal of Fixed Income* .5(3). 10–34.

Caruana, J.(2006). The Implementation of Basel II. *Central Banks and the Challenge Development Conference Organised by BIS,* 13 March 2006, Basel.

CESR, (2005). CESR's Technical Advice To The European Commission On Possible Measures Concerning Credit Rating Agencies.Ref: CESR/05-139b. Retrieved December 14, 2014 from http://www.esma.europa.eu/system/files/05_139b.pdf.

CESR, (2008). "CESR's Second Report to the European Commission on the compliance of credit rating agencies with the IOSCO Code and The role of credit rating agencies in struxtured finance. May 2008. Retrieved December 12, 2014 from http://www.esma.europa.eu/system/files/CESR_08_277.pdf.

Chand, (2013). 7 Benefits of Credit Rating Agencies to İnvestors. Retrieved June 25, 2013, from http://www.yourarticlelibrary.com/economics/7-benefits-of-credit-rating-agencies-to-investors/1445/.

Coşkun, Y.(a) (2010). Global Financial Crisis and Mortgage Finance and Valuation Problems: An Assesment of the US and Turkish Mortgage Systems. *Munich Personal RePec Archive(MPRA), No. 35301.* Retrieved July 24, 2013, from http://mpra.ub.uni-muenchen.de/35301/1/MPRA_paper_35301.pdf.

Coşkun, Y.(b) (2010). Dodd-Frank Wall Street Reformu ve Tüketicinin Korunması Yasası Kapsamında Sistemik Risk Yönetimi ve Düzenleme

İlişkisi. İ. Kalaycı (Ed.), *Halil Seyidoğlu'na Armağan Finansal Kriz Yazıları* (73-114). Ankara: Nobel Yayın Dağıtım.

Crockett, A., Harris, T., Mishkin F.S., White, E. N. (2003). Conflicts of Interest in the Financial Services Industry : What Should We Do About Them?. *Geneva Reports on the World Economy 5,* Switzerland. Retrieved April 25, 2014, from http://www.wyplosz.eu/ICMB/Publications_files/Geneva%205.pdf.

Crouhy M. Turnbull S. M. (2008).The Subprime Credit Crisis of 07, Retrieved October 1, 2013, from http://www.maths-fi.com/Credit_Crisis_May_15_2008.pdf.

Daniel Fund Ethics Initiative, Worldcom's Bankruptcy Crisis. *University of New Mexico*. Retrieved October 20, 2013, from http://danielsethics.mgt.unm.edu/pdf/WorldCom%20Case.pdf.

Davies, H. (2010). Global financial Regulation After The Credit Crisis. Global Policy Volume, 1(2).

DeHaan, E. (2013). The Financial Crisis and Credibility of Corporate Credit Ratings, University of Washington. Retrieved April 15, 2014, from http://wpcarey.asu.edu/sites/default/files/uploads/accounting-degrees/Ed-deHaan.pdf.

Delikanlı, İ. U. (2011). Basel III. *Uluslararası Bankacılık ve Finans Sisteminin Yeni Mimarisi ve Türk Bankalarına Etkileri Konferansı Konuşması.* https://www.bddk.org.tr/WebSitesi/turkce/Basel/9812iir_konusmametnif.pdf (14.02.2014).

Demir, F., Ermişoğlu, E., Karabıyık A., Küçük A. (2008). ABD ve Mortgage Krizi. *BDDK Çalışma Tebliği*, Sayı: 3. http://www.bddk.org.tr/websitesi/turkce/raporlar/calisma_raporlari/5176abdmortgage05082008x.pdf (20.03.2014).

Dimitrijevic, A. (2012). Ülkelerin Kredi Notunu Nasıl Belirliyoruz?.*S&P Mc GRAW HILL.* Retrieved July, 24, 2014, from http://www.standardandpoors.com/spf/upload/Ratings_EMEA/2012-03-01_UlkerlerinKrediNotunuBasilBelirliyoruz.pdf.

Dimitrov, V., Palia D., Tang, L. (2014). Impact of the Dodd Frank Act on Credit Ratings. *Journal Of Financial Economics.* Retrieved December, 23, 2014, from http://papers.ssrn.com/sol3/papers.cfm?abstract_id=2444990##.

Dinler, Z. (2011). *İktisada Giriş* (17). Bursa: Ekin Basım Yayın Dağıtım.

Dolun, L. (2007). İpoteğe Dayalı Konut Kredisi Mortgage. *Türkiye Kalkınma Bankası,* Ekonomik ve Sosyal Araştırmalar Müdürlüğü: Ankara. 24 Temmuz 2013, http://www.kalkinma.com.tr/data/file/raporlar/ESA/ga/2007-GA/GA-07-06-29_Ipotege_Dayali_Konut_Kredisi.pdf.

Edmondson, G., Cohn, L., (2004). How Parmalat Went Sour.Retrieved October 20, 2013 from http://www.businessweek.com/stories/2004-01-11/how-parmalat-went-sour.

Elkhoury, M. (2008). Credit Rating Agencies And Their Potential Impact On Developing Countries. *United Nations Conference On Trade And Development.* Discussion Paper. No:186. January 2008.

Erdönmez, P. A. (2006). Aktif Menkul Kıymetleştirmesi. *Bankacılar Dergisi*, Sayı 57, 75-84.

Eren, E. (2010). Derecelendirme Kuruluşları Tarafından Verilen Notlar Sebebiyle Üçüncü Kişilerin Uğrayabileceği Zararlardan Kaynaklanan Sorumluluğun Hukuki Niteliği. *BDDK Bankacılık ve Finansal Piyasalar Dergisi.* 4 (2), 111-144.

European Union Commission (2006). Communication from the Commission on Credit Rating Agencies. *Official Journal Of The European Union.* 59 (02). Retrieved March 3, 2014, from http://eurlex.europa.eu/LexUriServ/LexUriServ.do?uri=OJ:C:2006:059:0002:0006:EN:PDF.

Evans, C. (2012). What Makes You So Special?: Ending the Credit Rating Agencies' Special Status and Access to Confidential Information. *Valparaiso University Law Review*, 46 (4), 1091-1137.

Evirgen, D. (2004). Arjantin Krizinin Nedenleri-Sonuçları ve Türkiye Karşılaştırması. *Mevzuat Dergisi*, 7 (17). Retrieved February 1, 2015, from http://www.mevzuatdergisi.com/2004/05a/04.htm.

Ferri, G., Liu, L. G., Stiglitz, J. E. (1999). The Procyclical Role of Rating Agencies: Evidence from the East Asian Crisis. Economic Notes by Banca Monte dei Paschi di Sieana SpA, 28 (3-1999), 335-355. Retrieved January 5, 2015 from https://www0.gsb.columbia.edu/faculty/jstiglitz/download/papers/1999_Procyclical_Role_of_Rating_Agencies.pdf.

Fitch Ratings, (2013). Definitions of Ratings and Other Forms of Opinion. Retrieved April 11, 2013. From http://www.fitchratings.com/web_content/ratings/fitch_ratings_definitions_and_scales.pdf.

Fulghieri,P., Strobl, G., Xia, H. (2011). The Economics of Solicited and Unsolicited Credit Ratings. Retrieved January 2, 2014, from http://www.aeaweb.org/aea/2012conference/program/retrieve.php?pdfid=119.

Fülberth, G. (2010). Kapitalizmin Kısa Tarihi, (S. Usta çev.) İstanbul: Yordam Kitap.

Gorton, G. B. (2008). The Subprime Panic. *NBER Working Paper Series*, No.14398. Retrieved July 20, 2013, from http://www.nber.org/papers/w14398.

Göçen, C. A. (2010). Kurumsal Yönetim, İç Kontrol ve Bağımsız Denetim: Parmalat Vakası. *Mali Çözüm Dergisi*, 97, 107-129.

Gruenberg, M. (2007). Subprime Mortgage. *Avrupa Mevduat Sigortacıları Forumu, Çatı Dergisi*,16, 12-15.

Gür T. H. ve Öztürk, H. (2011). Ülke Riski, Derecelendirme Kuruluşları, Aksaklıklar ve Yeni Düzenlemeler. *Sosyo Ekonomi*, 2 (2011).

Haan, de J. & Amtenbrink, F. (2011). Credit Rating Agencies. *DNB De Nederlandsche Bank Working Paper,* No:278.

Heng A. & Chan K. C. (2008). Credit Ratings and IPO Pricing. *Journal of Corporate Finance,* 14 (2008), 584-595.

Hill, C. A. (2004).Regulating the Rating Agency. *Georgetown University Law Center. Business, Economics and Regulatory Policy Working Paper* No.452022.

Hunter, W. C., Kaufman, G. G., Krueger, T. H. (1999). *The Asian Financial Crisis: Origins, Implications and Solutions.* USA: Kluver Academic Publishers.

Hur, J. (2014). *Reforming The Regulatory Regime For Credit Rating Agencies In Kores: Analysis and Proposal Based On Recent U.S. Experience.* American University, Washington.

IOSCO, (2008). Code Of Conduct Fundamentals For Credit Rating Agencies. The Technical Committee Of The International Organization Of Securities Commissions.

IOSCO, (2010). Regulatory Implementation of the Statement of Principles Regarding the Activities of Credit Rating Agencies. Consultation Report. *Technical Committee of the International Organization of Securities Commissions.*

Johnson, N. (2012). Credit Agencies Lack Credibility After Role In Crisis:Survey. Retrieved October 15, 2013, from http://m.theglobeandmail.com/globe-investor/credit-agencies-lack-credibility-after-role-in-crisis-survey/article2252480/?service=mobile.

Kadayıfçı, M. S. (2012). *Enron Skandalı.* http://www.riskler.com/2012/03/enron-skandali/. (11.10.2013)

Kara, F. (2013). Rating Kurumlarının İşleyişi ve Ülkeler Üzerindeki Etkileri. http://www.akademiktisat.net/calisma/iktisat_uygulama/rating_ulkeler_fkara.htm (02.07.2013).

Karaca, N. (2005). Kredi Derecelendirme Kuruluşları. *T.C. MALİYE BAKANLIĞI Araştırma, Planlama ve Koordinasyon Kurulu Başkanlığı,* Rapor No: 2.

Karagöl, E. T. Ve Mıhçıokur, Ü. İ. (2012). Kredi Derecelendirme Kuruluşları: Alternatif Arayışlar. *SETA (Siyaset, Ekonomi ve Toplum Araştırmaları Vakfı) Rapor,* No:7.

Katı, E., Özkeskin N. (2012). Kriz Yönetimi ve 2008 Küresel Krizi Sonrası Türkiye'de Alınan Önlemler. *Centre of European Studies Working Paper Series,* No:12-03. Retrieved July 16, 2013, from http://www.kirklareli.edu.tr/download/files/65073670/12-03.pdf.

Kutlu, H. A., Demirci N. S. (2011). Küresel Finansal Krizi (2007-?) Ortaya Çıkaran Nedenler, Krizin Etkileri, Krizden Kısmi Çıkış ve Mevcut Durum. *Muhasebe Finansman Dergisi.* Ekim/2011, 121-136.

Küçükkocaoğlu, G. *Derecelendirme Kurumları, Enformasyon Servisleri.* 26 Mart 2013, www.baskent.edu.tr/~gurayk/finpazcarsamba7.doc .

Küçüközmen, C. C. (2010). Finansal Krizi Sorularla Anlamak: Oyuncular ve Riskler. M. Karaca, H. F. Baklacı ve H. Yetkiner, (Ed.), *Küresel Kriz ve*

Risk Yönetimi: Yanılgılar ve Gerçekler (19-30). İzmir: İzmir Ekonomi Üniversitesi Yayınları.

Langohr, H. & Langohr, P. (2008). *The Credit Rating Agencies and Their Credit Ratings-What They are, How They Work And Why They Are Relevant.* England: Wiley Finance.

Manaigo, A. & Manaigo, V. (2012). The Regulation of Credit Rating Agencies In Europeand ESMA's Supervisory Power. *The Columbia Journal Of European Law Online,*33 (18) 33-46.

Masters, B. (2013). Esma Criticies Agencies' Rating Methods. *Chief Regulation Correspondent.* Retrieved July 10, 2014, from http://www.ft.com/cms/s/0/7dd71cc8-8fca-11e2-9239-00144feabdc0.html#axzz2sRQA5qoF.

Merih, K. (2011). *2008 Finansal Krizin Anatomisi-II:Finansal Çöküş(Credit Crunch).* 18 Temmuz 2014, http://www.riskonomi.com/wp/?p=1008.

Moodys (2013). Moodys Rating Symbols And Definitions. Retrieved April 10, 2013, from http://www.moodys.com/research/Moodys-Rating-Symbols-Definitions -PBC_79004.

Mora, N. (2006). Sovereign Credit Ratings: Guilty Beyond Reasonable Doubt?. *Journal of Banking and Finance*, 30(2006), 2041-2062.

Mukatel, L. A. (2006). *Ülke Derecelendirme Notlarının Borsa Endekslerine Etkisi:*
IMKB 100 Endeksi Üzerine Bir Model Denemesi.

Murphy, B. (1999). Credit Ratings and Emerging Economies. Retrieved May 15, 2014, from http://library.fes.de/fulltext/iez/00767toc.htm.

NRSRO, (2013). Annual Report on Nationally Recognized Statistical Rating Organizations, *As Required by Section 6 of the Credit Rating Agency Reform Act of 2006*, Retrieved September 15, 2014, from http://www.sec.gov/divisions/marketreg/ratingagency/nrsroannrep1213.pdf.

Ogan, E. (2010). Risk Yöneticileri Derneği YönetimKurulu Başkanı. M. Karaca, H. F. Baklacı ve H. Yetkiner, (Ed.), *Küresel Kriz ve Risk Yönetimi: Yanılgılar ve Gerçekler* (7-14). İzmir: İzmir Ekonomi Üniversitesi Yayınları.

Öniş, Z. (2003). Argentine Crisis, IMF and The Limits of Neo-Liberal Globalization: A Comparative View from Turkey, 1-18. Retrieved January 28, 2015, from http://papers.ssrn.com/sol3/papers.cfm?abstract_id=350340.

Packer, F., Tarashev, N. (2011). Rating Methodologies for Banks. *Bank for International Settlements (BIS) Review.* Retrieved December 24, 2014, from http://papers.ssrn.com/sol3/papers.cfm?abstract_id=1864706##.

Partnoy, F. (2006). How And Why Credit Rating Agencıes Are Not Like Other Gatekeepers. *Legal Studies Research Paper Series Research Paper* No. 07-46, 59-102. Retrieved June 8, 2013, from http://papers.ssrn.com/sol3/papers.cfm?abstract_id=900257.

Pusti, M. (2013). *Krizlerin Anatomisi ve Türkiye'de 2001-2008 Finansal-Ekonomik Krizleri Üzerine Bir İnceleme.*

Reinhart, C. M. (2002). Default, Currency Crises and Sovereign Credit Ratings. *University of Maryland and NBER.Munich Personal Rerec Archive(MPRA) Paper* No. 13917. Retrieved January 31, 2015, from http://mpra.ub.uni-muenchen.de/13917/1/MPRA_paper_13917.pdf.

Reinhart C. M., Rogoff K. S. (2008). Is The 2007 U.S. Sub-Prime Financial Crisis So Different? An International Historical Comparison. *American Economic Review, American Economic Association,* 98(2), 339-44, Retrieved July 16, 2013, from http://www.nber.org/papers/w1376.

Ryan, J. (2012). The Negative Impact of Credit Rating Agencies and Proposals For Beter Regulation. *Working Paper, Retrieved May 20, 2013, from http://www.swpberlin.org/fileadmin/contents/products/arbeitspapiere/The_Negative_Impact_of_Credit_Rating_Agencies_KS.pdf.*

Saka, T. (2010). Yeni Dünya Ekonomik Düzeninde Risk Yönetiminin Rolü. M. Karaca, H. F. Baklacı ve H. Yetkiner, (Ed.), *Küresel Kriz ve Risk Yönetimi: Yanılgılar ve Gerçekler* (15-18). İzmir: İzmir Ekonomi Üniversitesi Yayınları.

Schapiro M. L. (2010). Testimony Concerning the Lehman Brothers Examiner's Report: Before the House Financial Services Committee. Retrieved October 10, 2013, from http://www.sec.gov/news/testimony/2010/ts042010mls.htm.

Securities Exchange Act Of 1934, Sec. 15E. Registration of Nationally Recognized Statistical Rating Organizations, 224. Retrieved March 2, 2014, from https://www.sec.gov/divisions/marketreg/ratingagency/sea34-15e.pdf.

SEC, (2014). SEC Final Rules, Updated to include Federal Register Corrections Dated 10/14/14. Retrieved December 30, 2014, from, http://www.sec.gov/rules/final/2014/34-72936.pdf.

SPK, (2007). Sermaye Piyasası Mevzuatı, Sermaye Piyasasında Derecelendirme Faaliyeti ve Derecelendirme Kuruluşlarına İlişkin Tebliğ, Seri:VIII, No:51.

SIFMA, (2008). ESF Securitisation Data Report Q4-2008- Securities Industry and Financial Markets Association(SIFMA). *European Securitisation Forum*. Retrieved May 25, 2014, from http://www.sifma.org/research/item.aspx?id=19918.

Setty, G. & Dodd R. (2003). Credit Rating Agencies: Their Impact on Capital Flows to Developing Countries, *Special Policy Report 6, Financial Policy Forum, Derivatives Study Center*. Retrieved July 9, 2013, from http://www.financialpolicy.org/FPFSPR6.pdf.

Seval, B. (2014). Kredi Derecelendirilmesi-Lisanslama Sınavları İçin Çalışma Kitabı. *Sermaye Piyasası Lisanslama Sicil Ve Eğitim Kuruluşu*.

Seyidoğlu, H. (2003). Uluslararası Mali Krizler, IMF Politikaları, Az Gelişmiş Ülkeler, Türkiye ve Dönüşüm Ekonomileri. *Doğuş Üniversitesi Dergisi*, 4 (2), 141-156.

Solomon, R. (1999). *Money on the Move: The Revolution in International Finance Since 1980,* Princeton, New Jersy: Princeton University Press.

Sylla, R. (2002). An Historical Primer on the Business of Credit Ratings. In R. M. Levich, C. Reinhart, and G. Majnoni, (Eds.), *Ratings, Rating Agencies, and the Global Financial System* (19-40), Boston: Kluwer.

S&P, Case Shiller 20-City Composite Home Index. Retrieved July 19, 2013, from http://eu.spindices.com/indices/real-estate/sp-case-shiller-20-city-composite-home-price-index.

Sönmez, M. (2008). Küresel Kriz ve Türkiye. 15 Temmuz 2013, http://eski.istabip.org.tr/media/upload/a2.pdf.

Şimşek, E. (2009). Global Krizlerin Ortaya Çıkmasında Kredi Derecelendirme Kuruluşlarının Rolü. *Çerçeve Dergisi*, 110-115. 10 Nisan 2013, http://www.musiad.org.tr/img/yayinlarraporlar/cerceve_dergisi_50_19.pdf
.
Şirvan, N. (2004). Kredi Derecelendirme ve Türkiye Ekonomisi. 2 Şubat 2014, http://gunaycaymaz.googlepages.com/kredideрecelendirme.pdf.

Tekeli, İ. ve İlkin, S. (2009). *1929 Dünya Bunalımında Türkiye'nin İktisadi Politika Arayışları*, İstanbul: Bilge Kültür Sanat-Bilge Yayıncılık.

The Financial Crisis Inquiry Commission (2011). Final Report Of The National Commission On The Causes Of The Financial And Economic Crisis In the United States. *Official Government Edition*. Retrieved November 1, 2013, from http://fcic-static.law.stanford.edu/cdn_media/fcic-reports/fcic_final_report_full.pdf.

TCMB, (2010). Derecelendirme Kuruluşları, Türkiye Cumhuriyeti Merkez Bankası Bülten, 18, 2-4, 12 Nisan 2013 http://www.tcmb.gov.tr/wps/wcm/connect/ec12a99b-0005-4b97-a787-584fe41b72ee/Bulten_Turkce18.pdf?MOD=AJPERES&CACHEID=ec12a99b-0005-4b97-a787-584fe41b72ee.

TSPAKB-Türkiye Sermaye Piyasası Aracı Kuruluşları Birliği, (2013). Gelişmiş Ülkelerde Mevduat ve Yatırım Bankacılığının Ayrılması. *Sermaye Piyasasında Gündem*, Sayı: 132, 30 Temmuz 2014. http://www.tspakb.org.tr/tr/Portals/0/AIM_Gundem/gundem_agustos_2013opt.pdf.

Uludağ, İ. (1998). 1990 Sonrası Krizi Yaşayan Rusya-1. *İ.T.O. Gazetesi*.

Utzig, S. (2010). The Financial Crisis and the Regulation of Credit Rating Agencies:A European Banking Perspective. *ABDI Working Paper Series, Asian Development Bank Institute*, No:188.

Uygur, E. (2001). Krizden Krize Türkiye: 2000 Kasım ve 2001 Şubat Krizleri. Türkiye Ekonomi Kurumu Tartışma Metni. Sayı 1. 2 Şubat 2015, http://feyonomi.com/iktisatders/KRIZ-2000-20013.pdf

Ülker, K. (2012). Üçlü Çeteye Darbe. *Sabah Gazetesi*. 2 Aralık 2013, http://www.sabah.com.tr/Ekonomi/2012/10/31/uclu-ceteye-darbe.

Vardareri A. D. ve Dursun G. (2009). Finansal Kriz, Yansımaları ve Değişimin Zorunluluğu. 17 Ağustos 2013, http://econ.anadolu.edu.tr/fullpapers/Vardareri_Dursun_econanadolu2009.pdf.

White, L. J. (2001). The Credit Rating Industry: An Industrial Organization Analysis. *Working Paper, Stern School of Business*, New York University. Retrieved February 13, 2013, from http://archive.nyu.edu/bitstream/2451/26205/2/1-2.pdf.

White, L. J. (2010). Credit Rating Agencies and the Financial Crisis: Less Regulation of CRAs Is a Better Response, *Journal of International Banking Law an Regulation,* 4(25).

Witkowski, W. (2008). S&P May Downgrade Lehman Brothers' Ratings. Retrieved October 25, 2013, from http://www.marketwatch.com/story/sp-may-downgrade-lehman-brothers-ratings.

Yayla, M., ve Türker Kaya, Y. (2005). Basel II Ekonomik Yansımaları ve Geçiş Süreci, *BDDK Araştırma Dairesi Çalışma Raporları*.

Yılmaz, D. (2010). Küresel Kriz, Yeniden Yapılanma ve Ulusal Dönüşüm. *Forum İstanbul,* 16 Temmuz 2013 http://www.forumistanbul.com/program/2010program-tr.pdf.

Yılmaz, H. (2011). Menkul Kıymetleştirme Şirketleri Fannie Mae ve Freddie Mac Nasıl Kurtarılabilir?. *Muhasebe ve Finansman Dergisi*. 41-62.

http://www.standardandpoors.com/ratings/definitions-and-faqs/en/eu (04.04. 2013).

http://www.moodys.com/ratings-process/Ratings-Definitions/002002 (11.04.2013).

http://www.sec.gov/about/offices/ocr.shtml (01.07.2013).

http://www.fitchratings.com.tr/kurumsal.asp.

http://www.moodys.com/pages/default_tu.aspx (25.06.2013).

http://www.dw.de/kehanet-do%C4%9Fru-%C3%A7%C4%B1kt%C4%B1/a-16821152.

http://www.akademiktisat.net/calisma/iktisat_uygulama/rating_ulkeler_fkara.htm (11.07.2013).

http://www.forbes.com/sites/darenblomquist/2013/02/18/have-all-the-bad-loans-been-foreclosed/(25.09.2013).

http://www.commonwealthschools.com/kentucky/suitability-issues-part-ii.html.

http://www.afme.eu/WorkArea/DownloadAsset.aspx?id=9519 (01.10.2013).

http://www.bddk.org.tr/websitesi/turkce/Raporlar/Calisma_Raporlari/5176ABD MORTGAGE05082008x.pdf.

http://www.ekodialog.com/Makaleler/enron-hikayesi-belgeseli.html (11.10.2013).

http://www.uic.edu/classes/actg/actg516rtr/Readings-M/04-Enron-Senate-Report-Rating-agencies.pdf (11.10.2013).

http://www.amerikaninsesi.com/content/a-17-a-2002-06-27-8-1 87863442/797186.html (20.10.2013).

http://www.aksiyon.com.tr/aksiyon/haber-9992-11-parmalat-skandali-urkutuyor.html (20.10.2013).

http://www.reuters.com/article/2008/09/13/us-lehman-factbox idUSHAR27520620080913 (25.10.2013).

http://www.marketwatch.com/story/sp-may-downgrade-lehman-brothers-ratings (25.10.2013).

http://www.turkishny.com/headline-news/2-headline-news/63002-hicbir-krizi-ongoremediler-imdi-felaket-tellall-yapyorlar (20.10.2013).

http://www.kanalahaber.com/haber/ekonomi/finans-dunyasinda-buyuk-skandal-62270/ (01.11.2013).

http://ekonomi.haberturk.com/finans-borsa/haber/740766-iste-skandal-poorsun-kabahatinden-buyuk-ozru (01.11.2013).

http://www.hurriyet.com.tr/ekonomi/20475324.asp (02.11.2013).

http://www.cnnturk.com/2013/ekonomi/genel/01/14/s.p.anlasma.bitse.de.turkiyeyi.degerlendirecek/692585.0/ (02.11.2013).

http://ekonomi.milliyet.com.tr/moody-s-portekiz-i-vurdu-trichet-oligopol dedi/ekonomi/ekonomidetay/14.07.2010/1263277/default.htm (02.12.2013).

http://www.sabah.com.tr/Ekonomi/2012/10/31/uclu-ceteye-darbe (02.12.2013).

www.fitchratings.com.tr/ftp/derecelendirme/drc_23.pdf (10.02.2014).

http://www.standardandpoors.com/aboutcreditratings/ (11.02.2014).

www.fitchratings.com/web_content/ratings/fitch_ratings_definitions_and_scales.pdf (15.07.2014).

http://www.guvensayilgan.com/wp-content/uploads/2014/09/Kredi-Temerr%C3%BCt-Swaplar%C4%B1-ve-Kredi-Dereceleri.pdf (30.11.2014).

http://www.moodys.com/ratings-process/Ratings-Definitions/002002 (11.04.2013).

http://www.sec.gov/divisions/marketreg/ratingagency/nrsroannrep1213.pdf
https://www.fitchratings.com/creditdesk/public/ratings_defintions/index.cfm?rd_file=ltr#LTR
http://www.sarbanes-oxley-act.biz/SarbanesOxleySection702.htm (08.12.2014).
http://www.justice.gov/opa/pr/department-justice-sues-standard-poor-s-fraud-rating-mortgage-backed-securities-years-leading (09.12.2014).
http://www.cantwell.senate.gov/news/record.cfm?id=324942 (09.12.2014).
http://www.g20.utoronto.ca/2008/2008declaration1115.html (11.12.2014).
http://www.financialstabilityboard.org/about/history/ (11.12.2014).
http://www.financialstabilityboard.org/wpcontent/uploads/r_101027.pdf?page_moved=1 (12.12.2014).
http://www.financialstabilityboard.org/wpcontent/uploads/r_121105b.pdf?page_moved=1 (12.12.2014).
http://www.financialstabilityboard.org/wp-content/uploads/pr_140512.pdf (12.12.2014).
http://t24.com.tr/haber/10-soruda-kredi-derecelendirme-kuruluslari-ne-yapiyor-kararlari-neden-onemli-niye-tartisiliyorlar,271402 (13.12.2014).
http://www.turkrating.com/spk-mevzuat/ (13.12.2014).
http://www.spk.gov.tr/apps/teblig/displayteblig.aspx?id=313&ct=f&action=displayfile (14.12.2014).
http://www.spk.gov.tr/duyurugoster.aspx?aid=20130829&subid=0&ct=c (14.12.2014).
http://www.resmigazete.gov.tr/eskiler/2013/08/201308297.htm?submenuheader=null (14.12.2014).
http://tr.euronews.com/2014/10/29/italya-kredi-derecelendirme-kuruluslarindan-davaci/ (24.12.2014).
http://www.sifma.org/research/item.aspx?id=8589952453 (24.12.2014).
http://www.sec.gov/ocr/reportspubs/annual-reports/nrsroannrep1214.pdf (25.12.2014).
http://www.spk.gov.tr/apps/teblig/displayteblig.aspx?id=396&ct=f&action=displayfile&ext=.pdf&submenuheader=null (25.12.2014).
http://cerep.esma.europa.eu/cerep-static-pub/About_the_CEREP How_to_interpret_the_statistics.pdf (27.12. 2014).

http://www.esma.europa.eu/page/List-registered-and-certified-CRAs (25.12.2014).

http://www.allenovery.com/publications/en-gb/Pages/CRA-III-and-the-over-reliance-on-rating-in-question.aspx (27.12.2014).

http://europa.eu/rapid/press-release_MEMO-13-571_en.htm (27.12.2014).

http://www.sec.gov/edgar.shtml#.VKJyhDAkmA (30.12.2014).

http://www.kpmg.com/global/en/issuesandinsights/articlespublications/documents/basell-iii-issues-implications.pdf (30.12.2014).

http://www.spk.gov.tr/indexcont.aspx?action=showpage&menuid=6&pid=10&subid=1 (12.12.2014).

http://www.huffingtonpost.com/2011/04/13/credit-rating-agencies-triggered-crisis-report_n_848944.html (15.01.2015).

http://www.defaultrisk.com/rating_agencies.htm#Names_dropped_from_prior_list: (15.01.2015).

http://www.okanacar.com/2013/02/derecelendirme-kurumlar-ve-kuresel-kriz.html (01.02.2015).

http://eski.bianet.org/2006/06/22/81094.htm (02.02.2015).

https://www.sec.gov/divisions/marketreg/ratingagency/cra-reform-act-2006.pdf (07.02.2015).

http://ratings.standardandpoors.com/about/who-we-are/what-we-do.html.

http://www.standardandpoors.com/spf/upload/Ratings_EMEA/kredi_derecelendirmelerini_tanima_rehberi.pdf (21.07. 2014).

http://www.standardandpoors.com/spf/upload/Ratings_EMEA/2012-03-01_UlkerlerinKrediNotunuBasilBelirliyoruz.pdf (24.07.2014).

http://www.standardandpoors.com/spf/upload/Ratings_EMEA/kredi_derecelendirmelerini_tanima_rehberi.pdf (01.04.2014).

http://ratings.standardandpoors.com/about/who-we-are/what-we-do.html (02.04.2014).

http://ratings.standardandpoors.com/about/who-we-are/s-and-p-by-numbers.html (02.04.2014).

http://www.sec.gov/rules/final/2014/34-72936.pdf (15.11.2014).

http://www.invest.gov.tr/tr-TR/infocenter/news/Pages/200513-turkey-2013-fdi-to-exceed-projections.aspx (15.07.2014).

EK. KİTAP SÖZLÜĞÜ

ABS/VDMK(Asset Backed Securities-Varlığa Dayalı Menkul Kıymetler): Kendi başına yeterince likit olmayan varlıkları bir araya getirerek bir havuz oluşturma ve havuzdaki varlıkları yeniden yapılandırarak finansal piyasalarda alım satıma konu olabilecek yeni ürünler yaratma tekniğidir. Menkul değer havuzlarına dayanan tahvil veya senetlerdir. Özel bir menkul havuzunda yaratılan nakit akışı ile ipotek edilmişlerdir.

AIG(American International Group): 1919 yılında Cornelius Vander Starr tarafından Çin'in Şangay şehrinde kurulan bir sigorta şirketidir.1930'lu yıllarda ise Latin Amerika'yı da dahil ederek faaliyet alanını genişletmiştir.1950'lerde ise Avusturalya ve İngiltere'nin de dahil olmasıyla uluslararası boyut kazanmıştır.2008 Finansal Kriz sırasında iflasın eşiğine gelen AIG, ABD Hükümeti'nin desteğiyle kurtarılmıştır. Günümüzde 130'un üzerinde ülkede ticari, kurumsal ve bireysel müşteri profiline sahip olan sigorta şirketi, ABD'de hayat sigortası ve emeklilik hizmetlerinde de lider konumdadır.

Avrupa Komisyonu (The European Commission): Avrupa Birliği'nin yürütme organıdır. Tek tek AB ülkelerinin değil bir bütün olarak Avrupa Birliği çıkarlarını temsil eder. 1 başkan,7 başkan yardımcısı ve 20 tane komisyon üyesi her 5 yılda bir AB üye ülkelerden seçilerek Avrupa Komisyonu oluşturulur. Her hafta çarşamba günleri başkanın nezdinde komisyon toplanmaktadır. 31 Ekim 2019 tarihine kadar Avrupa Komisyonun'nun başkanı Jean Claude Juncker'dır.

Avrupa Merkez Bankası (ECB-European Central Bank): Euro alanı içinde bulunan 17 ülkenin para politikasını yönetmekle görevli olan merkez bankasıdır. 1 Haziran 1998 tarihinde Almanya'da kurulan Avrupa Merkez Bankası'nın amacı, euronun alım gücünü korumak ve euro bölgesinde fiyat istikrarını sağlamaktır.

Basel Committee on Banking Supervision(BCBS-Bankacılık Düzenleme ve Denetleme Komitesi): 1930 yılında kurulan BIS(Bank for International Settlements-Uluslararası Ödemeler Bankası), 1974 yılında Basel Bankacılık Düzenleme ve Denetleme'yi oluşturmuştur. BCBS'nin amacı bankaların uluslararası standartlarda çalışmalaraını sağlamaktır.

BDDK (Bankacılık Düzenleme ve Denetleme Kurumu): Türkiye'nin uzun vadeli büyümesine ve istikrarına katkıda bulunmak amacıyla 31 Ağustos 2000 tarihinde kurulmuş özerk bir kurumdur. Türkiye'de tasarruf sahiplerinin hak ve menfaatlerini korumak, bankalar ve özel finans kurumlarının piyasa disiplini içerisinde sağlıklı, etkin, rekabet edebilir yapıda işleyişi için uygun ortamı yaratma misyonundadır.

BIS(Bank for International Settlements-Uluslararası Ödemeler Bankası): 17 Mayıs 1930 yılında kurulmuştur. Dünyanın en eski finansal örgütüdür. Merkez ofisi İsviçre'nin Basel şehrinde olan BIS, rezervlerin yönetimi konusunda merkez bankaları arasındaki uyumu sağlamak ve ilgili bankalar arasındaki para transferlerinde aracılık yapmak gibi işlevleri bulunan uluslararası finans kuruluşudur.

CDO(Collateralized Debt Obligations-Teminatlandırılmış Borç Yükümlülükleri):Yapılandırılmış varlığa dayalı menkul kıymetlerdir, teminatlı alacakların bir arada toparlanıp, ikincil piyasalarda tekrar satılabilmesine olanak sağlayan finansal araçlar da denilebilir. Krediler, tahviller, mortgage kredileri, tüketici kredileri, kredi kartları gibi varlıkları bir arada olduğu bir türev ürün olarak karşımıza çıkmaktadır.

CDS(Credit Default Swap-Kredi Temerrüt Takası):Borçlunun borcunu ödeyememe ihtimaline karşı alacaklının hakkını garanti eden kıymetli evraktır. Borç sigortasıdır. Borçlunun borcunu ödeyememe ihtimali arttıkça CDS primi de artar.

CESR(Committee of European Securities Regulators-Avrupa Menkul Kıymet Piyasa Düzenleyicileri Komitesi): Menkul kıymetler düzenleyicileri arasında koordinasyonu sağlamak ve Avrupa Komisyonu'na yardımcı olan danışman grubu gibi hareket etmek amaçları arasındadır. 6 Haziran 2001 yılında oluşturulan Komite, 1 Ocak 2011 yılında ESMA(European Securities and Markets Authority-Avrupa Menkul Kıymetler ve Piyasalar Otoritesi) olarak değiştirilmiştir.

Chartered Financial Analysts: Mali analistler yeterliliğini ölçen ve CFA enstitüsü tarafından verilen uluslararası tanınmış, saygın bir ünvandır.

CMO(Collateralized Mortgage Obligations-Teminatlandırılmış Mortgage Yükümlülükleri):Bireylerin konut almak için kullandıkları krediler veya mortgage karşılığı aldığı krediler ile acente menkul kıymetlerinin birleştirilmesiyle oluşturulan havuzlardaki varlıklara dayalı menkul kıymetlerdir. Farklı vadeleri ve kupon ödemeleri olan farklı sınıflara ait menkul kıymetlerin bulunduğu havuzlardan oluşur.

ECOFIN(Economic and Financial Affairs Council- Avrupa Komisyonu İktisadi ve Mali İşler Konseyi): 28 Avrupa Birliği üye ülkelerinin Maliye Bakanları ve iktisatçıları tarafından oluşturulmuştur. Konsey, ekonomik politikaların koordinasyonu, ekonomik gözetimi, bütçe politikasının, finansal piyasaların, sermaye hareketleri ve AB üye devletlerinin diğer ülkelerle ekonomik ilişkilerinin izlenmesini kapsar.

ESMA(The European Securities and Markets Authority-Avrupa Menkul Kıymetler ve Piyasalar Otoritesi): 2010 yılında Paris'te kurulmuştur, daha öncesinde aynı hizmeti veren kurum CESR (Committee of European Securities Regulators-Avrupa Menkul Kıymet Piyasa Düzenleyicileri Komitesi)'dir. ESMA'nın amacı Avrupa Birliği finansal sisteminin istikrarını sağlamak, menkul kıymet piyasalarının bütünlüğünü, şeffaflığını ve etkinliğini artırarak yatırımcıyı korumaktır.

Fannie Mae-Federal Ulusal İpotek Birliği (Federal National Mortgage Association): Freddie Mac-Federal Ev Kredisi İpotek Kurumu (Federal Home Loan Mortgage Corporation).ABD'nin devlet destekli teşebbüslerindendir.

Görevleri konut finansman piyasasında likiditeyi artırmaktır. Bu amaçla, kredi kuruluşlarından ipotekleri satın alıp menkulleştirerek piyasada satmaktadır.

FDIC(Federal Deposit Insurance Corporation-Federal Mevduat Sigorta Kurumu): Amerikan finans sistemine yönelik kamu güvenini sağlamak ve korumak amacında olan bir kurumdur. Büyük Buhran sırasında çok sayıda bankanın batması sonucu 1933'te Glass-Steagall Kanunu ile kurulmuştur. Türkiye'de TMSF(Tasarruf Mevduatı Sigorta Fonu)'nin karşılığı olan kurumdur.

FED(Federal Reserve): Amerika Birleşik Devletleri'nin merkez bankasıdır.1913 yılında daha güvenli, esnek ve istikrarlı para ve finans sistemi sağlamak için kurulmuştur.

FICO: Fair Isaac & Company tarafından geliştirilen bir kredi skorudur. Skor aralığı 300-850 arasındadır. Yüksek skor, daha yüksek kredi geri ödeme şansına işarettir.

FSB(Financial Stability Board- Finansal İstikrar Kurulu): 2009 yılı Londra'da yapılan G20 zirvesinde oluşturulan Finansal İstikrar Kurulu, Finansal İstikrar Forumu'nun yerini almıştır. Amacı; ulusal finans otoriteleri ve uluslararası standart koyucu kuruluşların çalışmalarını koordine etmek ve etkili düzenleyici, denetimsel ve diğer finansal sektör politikalarının uygulanmasını geliştirmek ve teşvik etmektir.

FSF(Financial Stability Forum-Finansal İstikrar Forumu): Uluslararası finansal istikrarı desteklemek amacıyla G7 ülkeleri Maliye Bakanları ve Merkez Bankası Başkanlarınca 1999 yılında kurulmuştur. G7 ülkeleri; ABD, Japonya, Almanya, İngiltere, Fransa, İtalya, Kanada'dır. Daha sonra Rusya'nın dahil olmasıyla grup G8 olarak anılmaya başlanmıştır.

G10 (Group of Ten): IMF'nin yetersiz kalması durumunda birbirlerine ve özel durumlarda üçüncü devletlere kredi verilmesi için anlaşma yapmış 11 sanayileşmiş ülkeler topluluğudur. 1962 yılında ABD, Belçika, Birleşik Krallık,

Fransa, Hollanda, İsviçre, İtalya, Japonya, Kanada olmak üzere 8 IMF üyesi ülkelerin merkez bankalarının katılımıyla kurulmuş ve hemen sonrasında Almanya ve İsveç'te eklenmiştir. 1964 yılında ise İsviçre'nin de G10 grubuna katılmasıyla üye ülke sayısı 11'e yükselmiş fakat ismi değişmemiştir.

GSMH(Gayri Safi Milli Hasıla): Bir ekonomide belirli bir dönemde üretilen tamamlanmış(nihai) mal ve hizmetlerin piyasa fiyatları ile ifade edilen değerleri toplamıdır.

G20(Group of 20): Dünyanın en büyük ekonomileri arasında yer alan 19 ülkeden ve Avrupa Birliği Komisyonu'ndan oluşur. G20 zirvelerinde uluslararası finansal istikrarın arttırılmasına ilişkin görüşme ve çalışmalar yapılmaktadır. G20 üyesi ülkeler; Almanya, ABD, Arjantin, Avustralya, Brezilya, Çin, Endonezya, Fransa, Güney Afrika, Güney Kore, Hindistan, İngiltere, İtalya, Japonya, Kanada, Meksika, Rusya, Suudi Arabistan, Türkiye ve Avrupa Birliği Komisyonu'dur. 2015 yılında G20 zirvesi Türkiye'nin Antalya şehrinde toplanacaktır.

IAIS (International Association of Insurance Supervisors-Uluslararası Sigorta Denetçileri Birliği): 1994 yılında kurulmuş olup, yaklaşık 140 ülkede sigorta düzenlemelerini denetlemekte ayrıca dünya sigorta priminin %97'sini oluşturmaktadır. IAIS'nin amacı adil, güvenli ve istikrarlı sigorta sektörü oluşturmak için sigorta sektörüne ilşkin denetlemeleri teşvik etmektir.

IMF(International Monetary Fund-Uluslararası Para Fonu):1944 yılında ABD'de kurulan ve 1947 yılında fiilen çalışmaya başlayan uluslararası bir organizasyondur. IMF'nin temel amacı; uluslararası mali düzeni sağlamak amacıyla, ödemeler bilançosu açığı olan ülkelere kısa vadeli ve ya uzun vadeli kredi imkanı sağlamaktır.

IOSCO (International Organization of Securities Commission-Uluslararası Menkul Kıymet Teşkilatı): 1983 yılında kurulmuştur. Dünya'nın menkul kıymetler ve vadeli işlemler piyasalarını düzenler. 100'ü aşkın ülkeden üyeye sahip olan IOSCO, menkul kıymetler piyasasının %95'ini düzenlemektedir.

IOSCO'nun amaçları ve ilkeleri G-20 ve Finansal İstikrar Kurulu(FSB) tarafından da kabul edilmiştir.

İMKB-İstanbul Menkul Kıymetler Borsası: 26 Aralık 1985 yılında kurulmuş ve 2013 yılında ismi Borsa İstanbul(BİST) olarak değiştirilmiştir. Misyonu, sermaye piyasası araçlarına yatırım ve likidite imkanı sağlamak ve sağlıklı fiyat oluşumunu temin etmek üzere şeffaf, etkin, güvenilir, kolay erişilebilir piyasalar oluşturmak, işletmek ve geliştirmek; bu piyasaları ihraççı, yatırımcı ve aracılar ile diğer paydaşların hizmetine sunarak ekonomik büyümenin finansmanına destek olmaktır.

Joint Forum(Ortak Forum): 1996 yılında Basel Komitesi, IOSCO ve IAIS desteğiyle kurulmuştur. Bankacılık, menkul kıymetler ve sigorta sektörleriyle ilgili temel finansal düzenleme konularını değerlendirmek için genellikle yılda 3 kez toplanmaktadır.

LIBOR(London İnterbank Offered Rate):Londra'da bankalar arası borçlanmalarda kullanılan faiz oranıdır. Bu faiz oranı sadece Londra'daki bankalar tarafından kullanılmamakta, birçok finansal işlemlerde referans faiz oranı olarak uygulanmaktadır. Faiz oranının belirlenmesinde 60'dan fazla ülkenin bankası sisteme dahildir.

MBS(Mortgage Backed Securities-Mortgage'a Dayalı Menkul Kıymetler): İpoteğe dayalı menkul kıymetlerdir. Düzenlenmiş olan ipotek kredilerinin bir araya toplanması suretiyle oluşturulan ipotek havuzuna dayalı olarak ihraç edilen menkul kıymetlere verilen addır. Nakit akışları mortgage kredilerinin anapara faiz ödemelerine dayanan menkullerdir.

NASDAQ (National Association of Securities Dealers Automated Quotations): Tezgah üstü piyasalarda işlem gören menkul kıymetler için alım-satım fiyatlarının gösterildiği otomatik bilgi ağı olarak New York'ta kurulmuş olan özel borsadır. Dünya'nın teknoloji borsası olarak kabul edilir.

NRSRO(Nationally Recognised Statistical Rating Organisation-Ulusal Olarak Tanınan İstatistiksel Derecelendirme Kurumu): SEC tarafından onaylanan KDK'lardan oluşmaktadır. 2014 yılı itibariyle ABD'de kayıtlı NRSRO sayısı 10'dur. Bunlar; S&P, Moody's, Fitch, A.M. Best, DBRS, Egan-Jones(EJR), HR Ratings, Japan(JCR), Kroll Bond(KBRA), Morningstar'dır.

OECD(Organisation for Economic Co-operation and Development-İktisadi İşbirliği ve Kalkınma Teşkilatı): Dünyada insanların ekonomik ve sosyal refahını artıracak politikalar geliştirmeyi amaçlayan teşkilattır. 30 Eylül 1961'de oluşturulan OECD'ye üye ülke sayısı 34'tür. Bunlar; Avusturalya, Avusturya, Belçika, Kanada, Şili, Çek Cumhuriyeti, Danimarka, Estonya, Finlandiya, Fransa, Almanya, Macaristan, İzlanda, İrlanda, İsrail ,İtalya, Japonya, Kore, Lüksemburg, Meksika, Hollanda, Yeni Zellanda, Norveç, Polonya, Portekiz, Slovakya, Slovenya, İspanya,İsveç, İsviçre, Türkiye, İngiltere, ABD.

OPEC(Organisation of Petroleum Exporting Countries-Petrol İhraç Eden Ülkeler Örgütü): 10-14 Eylül 1960 yılında İran, Irak, Kuveyt, Suudi Arabistan ve Venezuella tarafından oluşturulmuştur. Daha sonra katılan ülkeler ise; Katar, Endonezya, Libya, Birleşik Arap Emirlikleri, Cezayir, Nijerya, Ekvador, Gabon ve Angola'dır.

Prime Rate: Temel faiz oranı ABD'de bankaların kredibilitesi yüksek işletmelere uyguladıkları faiz oranıdır.

SEC(Securities Exchange Commission-Amerika Sermaye Piyasası Kurulu): Yatırımcıları koruma, adil ve etkin piyasa ortamı yaratma, sermaye oluşumunu kolaylaştırma misyonunda olan bir kuruluştur.

SPK(Sermaye Piyasası Kurulu): 1981 yılında 2499 sayılı Sermaye Piyasası Kanunun ile kurulan, idari, mali özerkliğe sahip düzenleyici ve denetleyici bir kamu kurumudur. SPK'nın görevi; tasarrufların menkul kıymetlere yatırılarak halkın iktisadi kalkınmaya etkin ve yaygın bir şekilde katılmasını sağlamak, sermaye piyasasının güven, açıklık, kararlılık içinde çalışmasını, tasarruf sahiplerinin hak ve yararlarının korunmasını düzenlemek ve denetlemektir.

SETA(Siyaset, Ekonomi ve Toplum Araştırmaları Vakfı): 2005 yılında kurulan SETA, siyasetten dış politikaya, medya ve iletişimden toplum ve kültüre, hukuk ve insan haklarından ekonomi ve eğitim alanlarına kadar çalışmalarda bulunur. SETA' nın amacı ulusal, bölgesel ve uluslararası sorunlara yönelik çalışmalar yapmak ve bunları kamuoyuna sunmaktır.

Subprime: Yüksek risk faizli ipotek kredisi, eşik altı, alt gelir grubundaki geri ödeme gücü zayıf kredi geçmişi olumsuz olan kimselere verilen kredi adıdır.

TCMB (Türkiye Cumhuriyeti Merkez Bankası): 11 Haziran 1930 tarihinde kurulmuştur. Temel amacı, fiyat istikrarını sağlamaktır. Ayrıca finansal sistemde istikrarın sağlanması ve para ve döviz piyasaları ile ilgili düzenleyici tedbirleri almakla da görevlendirilmiştir.

The S&P/Case-Shiller 20-City Composite Home Price Index: Karl Case, Robert Shiller **ve** Allan Weiss'den oluşan ekonomistler tarafından geliştirilen bu gösterge ABD'de konut fiyatları hakkında bilgi vermektedir. Fiserv isimli bilgi yönetimi şirketi aracılığıyla yayınlanır.

United States of America Financial Crisis Inquiry Commission: 2008 Finansal Krizi'nin nedenlerini değerlendirmek amacıyla 2009 yılı Mayıs ayında oluşturulmuştur. Finansal Kriz Soruşturma Raporu 13 Şubat 2011 tarihinde kamuoyuna sunulmuştur.

Washington Mutual(Wamu): 2008 Eylül ayına kadar ABD'nin en büyük mevduat bankasıydı. Kriz döneminde ABD'nin Tasarruf Mevduatı Sigorta Fonu (FDIC) tarafından el konulmuş ve varlıkları JPMorgan Chase tarafından devralınmıştır.

World Bank(Dünya Bankası): II. Dünya Savaşı sonrası 1945 yılında Uluslararası Yeniden Yapılanma ve Kalkınma Bankası(IBRD-International Bank for Reconstruction and Development) adıyla kurulmuştur. 188 üye ülkeden oluşan Dünya Bankası'nın amacı; gelişmiş ülkelerin mali olanaklarını gelişme yolundaki ülkelere kanalize ederek dünya genelinde yaşam kalitesini artırmak için gelişmekte olan ülkelere proje bazlı kredi vermektir.

World Trade Organization(WTO-Dünya Ticaret Örgütü): Uruguay müzakereleri sonunda, Gümrük Tarifeleri ve Ticaret Genel Anlaşması'nın(GATT) yerini alan 29 ayrı çok taraflı hukuki belgeyi/anlaşmayı ve 25 Bankalar Bildirisini kapsayan, 15 Nisan 1994 tarihinde Marakeş'te (Fas) imzalanan Dünya Ticaret Örgütü Anlaşması ile kurulmuştur. Amacı; çok taraflı ve çoklu ticaret anlaşmalarının uygulanmasını ve denetlenmesini sağlamak ve üye ülkelerin ulusal ticaret politikalarını izlemektir. 26 Haziran 2014 tarihi itibariyle 160 üye ülkeden oluşan kurulun merkezi İsviçre'nin Cenevre şehrindedir.

Kolibri 360 GmbH
Ferdinand-Jühlke-Straße 7
99095 Erfurt, Deutschland
produktsicherheit@kolibri360.de

Druck:
CPI Druckdienstleistungen GmbH
im Auftrag der
Kolibri 360 GmbH
Ferdinand-Jühlke-Str. 7
99095 Erfurt